国 家 精 品 课 程 配 套 用 教 材
国家示范性高等职业院校优质核心课程改革教材

# 公路勘测设计

主 编 陈海英
主 审 黄万才

人民交通出版社

## 内 容 提 要

本书结合《公路工程技术标准》和相关规范，根据《公路工程基本建设项目设计文件编制办法》等内容要求，以工作任务为中心组织课程内容，并让学生在完成具体项目的过程中学会完成相应工作任务，并构建相关理论知识，发展职业能力。内容突出对学生职业能力的训练，理论知识的选取紧紧围绕工作任务完成，同时又充分考虑了对理论知识学习的需要。全书包括五个学习任务，即公路勘测设计认知、天府—通平新建二级公路平面设计、天府—通平新建二级公路纵断面设计、天府—通平新建二级公路横断面设计及不同地形条件下的公路勘测。

**图书在版编目(CIP)数据**

公路勘测设计/陈海英主编.—北京：人民交通出版社，2010.3

ISBN 978-7-114-08307-5

Ⅰ.①公… Ⅱ.①陈… Ⅲ.①道路测量②道路工程—设计 Ⅳ.①U412

中国版本图书馆 CIP 数据核字(2010)第 042328 号

国 家 精 品 课 程 配 套 用 教 材

书　　名：国家示范性高等职业院校优质核心课程改革教材

公路勘测设计

著 作 者：陈海英

责任编辑：戴慧莉

出版发行：人民交通出版社

地　　址：(100011) 北京市朝阳区安定门外外馆斜街 3 号

网　　址：http://www.ccpress.com.cn

销售电话：(010) 59757973

总 经 销：人民交通出版社发行部

经　　销：各地新华书店

印　　刷：北京鑫正大印刷有限公司

开　　本：787×1092　1/16

印　　张：6.25

字　　数：110 千

版　　次：2010 年 3 月　第 1 版

印　　次：2020 年 9 月　第 6 次印刷

书　　号：ISBN 978-7-114-08307-5

定　　价：16.00 元

# 序 *Xu*

为贯彻教育部、财政部《关于实施国家示范性高等职业院校建设计划，加快高等职业教育改革与发展的意见》（教高【2006】14号）和《关于全面提高高等职业教育教学质量的若干意见》（教高【2006】16号）精神，作为国家示范性高等职业院校建设单位，我院从2007年开始组织探索如何设计开发既能体现职业教育类型特点，又能满足高等教育层次需求的专业课程体系和教学方法。三年来，我们先后邀请了多名国内外职业教育专家，组织进行了现代职业技术教育理论系统学习和职业技术教育课程开发方法系统的培训；在课程开发专家团队指导下，按照"行业分析，典型工作任务，行动领域，学习领域"的开发思路，以职业分析为依据，以培养职业行动能力为核心，对传统的学科式专业课程进行解构和重构，形成了以学习领域课程结构为特征的专业核心课程体系；与企业专业技术人员共同组成课程开发团队，按照企业全程参与的建设模式、基于工作过程系统化的建设思路，完成了10个重点建设专业（4个为中央财政支持的重点建设专业）核心课程的学材、电子资源、试题库、网络课程和生产问题资源库等内容的建设和完善，在课程建设方面取得了丰厚的成果。

对示范院校建设工程而言，重点专业建设是龙头；在专业建设项目中，课程建设是关键。职业教育的课程改革是一项长期艰苦的工作，它不是片面的课程内容的解构和重构，必须以人才培养模式创新为核心，实训条件的改善、实训项目的开发、教学方法的变革、双师结构教师团队的建设等一系列条件为支撑。三年来，我们以课程改革为抓手，力图实现全面的建设和提升；在推动课程改革中秉承"片面地借鉴，不如全面地学习"，全面地学习和借鉴，认真地研究和实践；始终追求如何在课程建设方面做出中国特色，做出四川特色，做出交通特色。

历经1 000多个日日夜夜的辛劳，面对包含了我们教师团队心血，即将破茧的课程建设成果的陆续出版，感到几分欣慰；面对国际日益激烈的经济的竞争，面对我国交通现代化建设的巨大需求，感到肩上的压力倍增。路漫漫其修远兮，吾将上下而求索！希望更多的人来加入我们这个团结、奋进、开拓、进取的团队，取得更多更好的成果。

在这些教材的编写过程中，相关企业的专家给予了很多的支持与帮助，在此谨表示衷心的感谢！

四川交通职业技术学院院长

# 前　言

《公路勘测设计》课程是“道路桥梁工程技术专业”的一门专业核心课程，其目标是在掌握公路平、纵、横三个基本几何组成部分的设计原理、方法步骤的基础上，培养学生的识读公路路线设计图纸的能力、参加公路设计的能力，以及运用国家现行《公路工程技术标准》（JTG B01—2003）和《公路路线设计规范》（JTG D20—2006）等相关规范的能力。

本教材依据实践专家访谈会中形成的典型工作任务，以及广泛的社会调研，并结合《公路工程技术标准》（JTG B01—2003）和相关规范等内容要求，打破以知识传授为主要特征的传统学科课程模式，转变为以工作任务为中心组织课程内容，并让学生在完成具体项目的过程中学会完成相应工作任务，并构建相关理论知识，发展职业能力。内容突出对学生职业能力的训练，理论知识的选取紧紧围绕工作任务完成，同时又充分考虑了对理论知识学习的需要。

通过任务引领的项目活动，学生在教师指导下借助标准、技术规范、资料、文献等，能结合工程实例完成公路的外业勘测、纸上定线以及内业设计工作，并能按照《公路工程基本建设项目设计文件编制办法》等要求编制设计文件；对勘测设计过程中出现的问题，能够分析原因并提出解决方案。

全书共分五个学习任务，第一、第二学习任务由四川交通职业技术学院陈海英编写，第三学习任务由四川交通职业技术学院申莉、罗婧编写，第四学习任务由四川交通职业技术学院康健华、赵凤杰编写，第五学习任务由四川交通职业技术学院阮志刚编写。

限于编著者的学识水平和实践经验，书中难免有疏漏和错误之处，恳请读者批评指正。

编　者

2010 年 2 月

# 目　录

# 学习任务一　公路勘测设计认知

## 一、任务描述

了解道路运输的特点及其在国民经济中的地位，清楚我国道路现状与发展规划，掌握道路的等级分类。能灵活利用现行规范及相关技术标准。

## 二、学习目标

通过本学习任务的学习，应达到以下要求：

(1)能描述我国道路发展状况；

(2)掌握《公路工程技术标准》中相关的基础知识；

(3)掌握公路等级划分依据与方法。

## 三、内容结构

(1)中国公路发展史。

(2)公路等级划分依据。

(3)公路等级划分方法。

(4)公路等级分类。

(5)公路勘测设计程序。

## 四、参考资料


(1)交通部.《公路工程技术标准》(JTG B01—2003)[S].北京：人民交通出版社，2004.

(2)交通部.《公路路线设计规范》(JTG D20—2006)[S].北京：人民交通出版社，2006.

(3)交通部.《公路勘测规范》(JTG C10—2007)[S].北京：人民交通出版社，2007.

(4)交通部.《公路勘测细则》(JTG/T C10—2007)[S].北京：人民交通出版社，2007.

(5)交通部.《公路路基设计规范》(JTG D30—2004)[S].北京：人民交通出版社，2005.

(6)黄文元，汪双杰.公路勘测手册[M].北京：人民交通出版社，2007.

(7)朱永明.公路勘测设计[M].北京：人民交通出版社，2001.


## 五、任务实施

### (一)学习准备

1.基本概念

**公路**：是指连接城市之间的道路。

**公路技术标准**：一定数量的车辆在车道上以一定的计算行车速度行驶时，对路线和各项工程的设计要求。

**设计速度**：是指在气候和交通量正常的情况下，汽车运行只受公路自身条件(几何要素、路面、附属设施等)影响时，具有中等驾驶技术的人员能够安全、顺适驾驶车辆的速度。

**交通量**:是指单位时间内通过道路某断面的交通流量(即单位时间通过道路某断面的车辆数目)。其具体数值由交通调查和交通预测确定。

**年平均日交通量**:即一年365天交通量观测结果的平均值。

**设计小时交通量**:是以小时为时段的交通量,用于确定公路等级、车道数和车道宽度或评价公路运行状态和服务水平的重要参数。

2. 知识要点

本次学习任务的知识要点为各级公路的主要技术指标,见表1-1。

**各级公路的主要技术指标汇总表** 表1-1

| 公 路 等 级 | | 高速公路、一级公路 | | | | | | | | |
|---|---|---|---|---|---|---|---|---|---|---|
| 设计速度(km/h) | | 120 | | | 100 | | | 80 | | 60 |
| 车道数 | | 8 | 6 | 4 | 8 | 6 | 4 | 6 | 4 | 4 |
| 行车道宽度(m) | | 2×15.00 | 2×11.25 | 2×7.50 | 2×15.00 | 2×11.25 | 2×7.50 | 2×11.25 | 2×7.50 | 2×7.00 |
| 路基宽度(m) | 一般值 | 45.00 | 34.50 | 28.00 | 44.00 | 33.50 | 26.00 | 32.00 | 24.50 | 23.00 |
| | 最小值 | 42.00 | — | 26.00 | 41.00 | — | 24.50 | — | 21.50 | 20.00 |
| 平曲线最小半径(m) | 极限值 | 650 | | | 400 | | | 250 | | 125 |
| | 一般值 | 1 000 | | | 700 | | | 400 | | 200 |
| 停车视距(m) | | 210 | | | 160 | | | 110 | | 75 |
| 最大纵坡(%) | | 3 | | | 4 | | | 5 | | 6 |
| 车 辆 荷 载 | | 公路-I级 | | | | | | | | |

| 公 路 等 级 | | 二级公路、三级公路、四级公路 | | | | | |
|---|---|---|---|---|---|---|---|
| 设计速度(km/h) | | 80 | 60 | 40 | 30 | 20 | |
| 车道数 | | 2 | 2 | 2 | 2 | 2或1 | |
| 行车道宽度(m) | | 2×3.75 | 2×3.50 | 2×3.50 | 2×3.25 | 2×3.00(单车道时为3.50) | |
| 路基宽度(m) | 一般值 | 12.00 | 10.00 | 8.50 | 7.50 | 6.50(双车道) | 4.50(单双道) |
| | 最小值 | 10.00 | 8.50 | — | — | — | — |
| 平曲线最小半径(m) | 极限值 | 250 | 125 | 60 | 30 | 15 | |
| | 一般值 | 400 | 200 | 100 | 65 | 30 | |
| 停车视距(m) | | 220 | 150 | 80 | 60 | 40 | |
| 最大纵坡(%) | | 5 | 6 | 7 | 8 | 9 | |
| 车 辆 荷 载 | | 公路-II级 | | | | | |

3. 引导问题

(1)公路的主要组成部分有哪些?

(2)公路的主要技术指标有哪些?

(3)简述公路设计的基本要求?

(4)公路勘测设计的依据有哪些?

(5)公路勘测设计分为哪几个阶段?

(二)任务实施(天府—通平二级公路)

1. 课业设计步骤

1)公路等级及技术标准

(1)公路等级:公路二级,设计速度为60km/h。

(2)根据设计速度确定采用的公路平、纵及横断面技术标准。

2)公路平面设计

根据提供的带状地形图(图2-3~图2-5)进行公路平面设计,完成相应的图表。要求手算各交点处的主点桩号,同时用软件计算,并进行结果比较和分析。

3)公路纵断面设计

根据公路平面设计成果,结合路线沿线地形和地物特征,确定拉坡设计的主要控制点,进行公路纵断面设计,完成相应的图表。要求手算各边坡点处竖曲线的设计高程,同时用软件计算,并进行结果比较和分析。

4)公路横断面设计

根据公路等级、车道数以及设计速度,确定公路路基宽度及横断面各组成部分的尺寸,以及边坡坡率、边沟尺寸等技术指标,进行公路横断面设计,并完成相应的图表。

5)撰写设计说明

设计说明应包括正文和参考文献两部分。

(1)正文包括:第一章,公路等级及技术标准的拟定;第二章,公路平面设计(必须包括主点桩号计算过程和结果);第三章,公路纵断面设计(必须包括竖曲线上设计高程计算过程和结果);第四章,公路横断面设计。

(2)参考文献。

2. 设计成果提交

设计成果提交时应严格按照以下顺序装订:封面——总目录——总说明——主要技术经济指标表——设计图纸。

3. 请根据课业设计要求,填写下面设计合同

GF—2000—0210

# 建设工程设计合同(二)

## [专业建设工程设计合同]

工 程 名 称:______________________________

工 程 地 点:______________________________

合 同 编 号:
(由设计人编填)______________________________

设计证书等级:______________________________

发　包　人:______________________________

设　计　人:______________________________

签 订 日 期:______________________________

中华人民共和国建设部
国家工商行政管理局　监制

发包人：____________________________________________

设计人：____________________________________________

发包人委托设计人承担____________________设计，经双方协商一致，签订本合同。

**第一条** 本合同签订依据

1.1 《中华人民共和国合同法》、《中华人民共和国建筑法》和《建设工程勘察设计市场管理规定》。

1.2 国家及地方有关建设工程勘察设计管理法规和规章。

1.3 建设工程批准文件。

**第二条** 设计依据

2.1 发包人给设计人的委托书或设计中标文件

2.2 发包人提交的基础资料

2.3 设计人采用的主要技术标准

1. ____________________________________________

2. ____________________________________________

3. ____________________________________________

4. ____________________________________________

5. ____________________________________________

____________________________________________

____________________________________________

**第三条** 合同文件的优先次序

构成本合同的文件可视为是能互相说明的，如果合同文件存在歧义或不一致，则根据如下优先次序来判断：

3.1 合同书

3.2 中标函（文件）

3.3 发包人要求及委托书

3.4 投标书

**第四条** 本合同项目的名称、规模、阶段、投资及设计内容（根据行业特点填写）

1. ____________________________________________

2. ____________________________________________

3. ____________________________________________

4. ____________________________________________

5. ____________________________________________

____________________________________________

**第五条** 发包人向设计人提交的有关资料、文件及时间

**第六条** 设计人向发包人交付的设计文件、份数、地点及时间

**第七条** 费用

7.1 双方商定,本合同的设计费为________万元。收费依据和计算方法按国家和地方有关规定执行,国家和地方没有规定的,由双方商定。

7.2 上述费用为估算设计费,则双方在初步设计审批后,按批准的初步设计概算计算设计费。工程建设期间如遇概算调整,则设计费也应作相应调整。

**第八条** 支付方式

8.1 本合同生效后三天内,发包人支付设计费总额的20%,计________元作为定金(合同结算时,定金抵作设计费)。

8.2 设计人提交________设计文件后三天内,发包人支付设计费总额的30%,计________万元;之后,发包人应按设计人所完成的施工图工作量比例,一次向设计人支付总设计费的50%,计________万元;施工图完成后,发包人结清设计费,不留尾款。

8.3 双方委托银行代付代收有关费用。

**第九条** 双方责任

9.1 发包人责任

9.1.1 发包人按本合同第五条规定的内容,在规定的时间内向设计人提交基础资料及文件,并对其完整性、正确性及时限负责。发包人不得要求设计人违反国家有关标准进行设计。

发包人提交上述资料及文件超过规定期限15天以内,设计人按本合同第六条规定的交付设计文件时间顺延;发包人交付上述资料及文件超过规定期限15天以上时,设计人有权重新确定提交设计文件的时间。

9.1.2 发包人变更委托设计项目、规模、条件或因提交的资料错误,或所提交资料作较大修改,以致造成设计人设计返工时,双方除另行协商签订补充协议(或另订合同)、重新明确有关条款外,发包人应按设计人所耗工作量向设计人支付返工费。

在未签订合同前发包人已同意,设计人为发包人所做的各项设计工作,发包人应支付相应设计费。

9.1.3 在合同履行期间,发包人要求终止或解除合同,设计人未开始设计工作的,不退还发包人已付的定金;已开始设计工作的,发包人应根据设计人已进行的实际工作量,不足一半时,按该阶段设计费的一半支付;超过一半时,按该阶段设计费的全部支付。

9.1.4 发包人必须按合同规定支付定金,收到定金作为设计人设计开工的标志。未收到定金,设计人有权推迟设计工作的开工时间,且交付文件的时间顺延。

9.1.5 发包人应按本合同规定的金额和日期向设计人支付设计费,每逾期支付一天,应承担应支付金额千分之二的逾期违约金,且设计人提交设计文件的时间顺延。过期超过30天以上时,设计人有权暂停履行下阶段工作,并书面通知发包人。发包人的上级或设计审批部门对设计文件不审批或本合同项目停缓建,发包人均应支付应付的设计费。

9.1.6 发包人要求设计人比合同规定时间提前交付设计文件时,须征得设计人同意,不得严重背离合理设计周期,且发包人应支付赶工费。

9.1.7 发包人应为设计人派驻现场的工作人员提供工作、生活及交通等方面的便利条件及必要的劳动保护装备。

9.1.8 设计文件中选用的国家标准图、部标准图及地方标准图由发包人负责解决。

9.1.9 发包人应承担本项目外国专家来设计人办公室工作的接待费(包括传真、电话、复印、办公等费用)。

9.2 设计人责任

9.2.1 设计人应按国家规定和合同约定的技术规范、标准进行设计，按本合同第六条规定的内容、时间及份数向发包人交付设计文件（出现9.1.1、9.1.2、9.1.4、9.1.5规定有关交付设计文件顺延的情况除外），并对提交的设计文件的质量负责。

9.2.2 设计合理使用年限为________年。

9.2.3 负责对外商的设计资料进行审查，负责该合同项目的设计联络工作。

9.2.4 设计人对设计文件出现的遗漏或错误负责修改或补充。由于设计人设计错误造成工程质量事故损失，设计人除负责采取补救措施外，应免收受损失部分的设计费，并根据损失程度向发包人支付赔偿金，赔偿金数额由双方商定为实际损失的________%。

9.2.5 由于设计人原因，延误了设计文件交付时间，每延误一天，应减收该项目应收设计费的千分之二。

9.2.6 合同生效后，设计人要求终止或解除合同，设计人应双倍返还发包人已支付的定金。

9.2.7 设计人交付设计文件后，按规定参加有关上级的设计审查，并根据审查结论负责不超出原定范围的内容做必要调整补充。设计人按合同规定时限交付设计文件一年内项目开始施工，负责向发包人及施工单位进行设计交底、处理有关设计问题和参加竣工验收。在一年内项目尚未开始施工，设计人仍负责上述工作，可按所需工作量向发包人适当收取咨询服务费，收费额由双方商定。

**第十条** 保密

双方均应保护对方的知识产权，未经对方同意，任何一方均不得对对方的资料及文件擅自修改、复制或向第三人转让或用于本合同项目外的项目。如发生以上情况，泄密方承担一切由此引起的后果并承担赔偿责任。

**第十一条** 仲裁

本建设工程设计合同发生争议，发包人与设计人应及时协商解决。也可由当地建设行政主管部门调解，调解不成时，双方当事人同意由当地仲裁委员会仲裁。双方当事人未在合同中约定仲裁机构，当事人又未达成仲裁书面协议的，可向人民法院起诉。

**第十二条** 合同生效及其他

12.1 发包人要求设计人派专人长期驻施工现场进行配合与解决有关问题时，双方应另行签订技术咨询服务合同。

12.2 设计人为本合同项目的服务至施工安装结束为止。

12.3 本工程项目中，设计人不得指定建筑材料、设备的生产厂或供货商。发包人需要设计人配合建筑材料、设备的加工订货时，所需费用由发包人承担。

12.4 发包人委托设计人配合引进项目的设计任务，从询价、对外谈判、国内外自技术考察直至建成投产的各个阶段，应吸收承担有关设计任务的设计人员参加。出国费用，除制装费外，其他费用由发包人支付。

12.5 发包人委托设计人承担本合同内容以外的工作服务，另行签订协议并支付费用。

12.6 由于不可抗力因素致使合同无法履行时，双方应及时协商解决。

12.7 本合同双方签字盖章即生效，一式________份，发包人________份，设计人________份。

12.8 本合同生效后，按规定应到项目所在地省级建设行政主管部门规定的审查部门备案;双方认为必要时,到工商行政管理部门鉴证。双方履行完全合同规定的义务后,本合同即行终止。

12.9 双方认可的来往传真、电报、会议纪要等,均为合同的组成部分,与本合同具有同等法律效力。

12.10 未尽事宜,经双方协商一致,签订补充协议,补充协议与本合同具有同等效力。

| | |
|---|---|
| 发包人名称: | 设计人名称: |
| (盖章) | (盖章) |
| 法定代表人:(签字) | 法定代表人:(签字) |
| 委托代理人:(签字) | 委托代理人:(签字) |
| 住所: | |
| 邮政编码: | 邮政编码: |
| 电话: | 电话: |
| 传真: | 传真: |
| 开户银行: | 开户银行: |
| 银行账号: | 银行账号: |
| 建设行政主管部门备案: | 鉴证意见: |
| (盖章) | (盖章) |
| 备案号: | 经办人: |

4.示例

现以×××工程的一阶段施工图设计为例,介绍设计任务书的组成内容。该工程的设计成果共分二册,此处只取第一册相关内容。

(1)示例1-1:封面

(2)示例1-2:总目录(表1-2)

(3)示例1-3:说明书

(4)示例1-4:主要技术经济指标表(表1-10)

示例 1-1

××××××××××××新(改)建工程

# 一阶段施工图设计

**K0 +000 ~ K4 +138.87 全长 4.138 87km**

**第一册　　共二册**

**×××××××××××设计院**

**××××年××月·成都**

示例1-2

**总 目 录**

表1-2

第1页 共3页

| 序号 | 图表名称 | 图号 | 页数 | 备注 |
|---|---|---|---|---|
| | **第一篇 总说明** | | | |
| 1 | 项目地理位置图 | S1-1 | 1 | |
| 2 | 说明书 | S1-2 | 6 | |
| 3 | 平纵缩图 | S1-3 | 1 | |
| 4 | 主要技术经济指标表 | S1-4 | 1 | |
| 5 | 附件 | S1-5 | 无 | |
| 6 | 公路平面总体设计图 | S1-6 | 3 | |
| | **第二篇 路线** | | | |
| 1 | 说明 | S2-1 | 无 | |
| 2 | 路线平面图 | S2-2 | 5 | |
| 3 | 路线纵断面图 | S2-3 | 6 | |
| 4 | 直线、曲线及转角表 | S2-4 | 4 | |
| 5 | 纵坡、竖曲线表 | S2-5 | 2 | |
| 6 | 总里程及断链桩号表 | S2-6 | 无 | |
| 7 | 公路用地表 | S2-7 | 2 | |
| 8 | 公路用地图 | S2-8 | 8 | |
| 9 | 赔偿树木、青苗数量表 | S2-9 | 2 | |
| 10 | 砍树挖根数量表 | S2-10 | 无 | 第一册 |
| 11 | 拆迁建筑物表 | S2-11 | 1 | |
| 12 | 拆迁电力、电信设施表 | S2-12 | 1 | |
| 13 | 纸上移线图 | S2-13 | 无 | |
| 14 | 路线逐桩坐标表 | S2-14 | 3 | |
| 15 | 导线点成果表 | S2-15 | 1 | |
| 16 | 水准点成果表 | S2-16 | 1 | |
| 17 | 安全设施 | S2-17 | 1 | |
| 18 | 说明书 | S2-18 | 4 | |
| 19 | 沿线标志、标线平面布置图 | S2-19 | 1 | |
| 20 | 安全设施数量汇总表 | S2-20 | 2 | |
| 21 | 标志设置一览表 | S2-21 | 1 | |
| 22 | 标线设置一览表 | S2-22 | 1 | |
| 23 | 波形护栏设置一览表 | S2-23 | 1 | |
| 24 | 安全设施横断面布置图 | S2-24 | 2 | |
| 25 | 单柱式标志构造图 | S2-25 | 4 | |
| 26 | 标线设计图 | S2-26 | 4 | |
| 27 | 波形护栏一般布置图 | S2-27 | 11 | |

续上表



| 序号 | 图表名称 | 图号 | 页数 | 备注 |
|---|---|---|---|---|
| 28 | 波形护栏结构设计图 | S2-28 | 1 | 第一册 |
| | **第三篇　路基、路面** | | | |
| 1 | 说明 | S3-1 | 无 | |
| 2 | 路基设计表 | S3-2 | 9 | |
| 3 | 路基标准横断面图 | S3-3 | 1 | |
| 4 | 一般路基设计图 | S3-4 | 2 | |
| 5 | 路基横断面设计图 | S3-5 | 35 | |
| 6 | 超高方式图 | S3-6 | 1 | |
| 7 | 耕地填前夯(压)实数量表 | S3-7 | 1 | |
| 8 | 低填浅挖路基处理工程数量表 | S3-8 | 无 | |
| 9 | 低填浅挖路基处理设计图 | S3-9 | 无 | |
| 10 | 陡坡路堤或填挖交界处理工程数量表 | S3-10 | 无 | |
| 11 | 陡坡路堤或填挖交界处理设计图 | S3-11 | 无 | |
| 12 | 特殊路基设计工程数量表 | S3-12 | 无 | |
| 13 | 路基土石方数量表 | S3-13 | 13 | |
| 14 | 路基每公里土石方数量表 | S3-14 | 1 | |
| 15 | 取土坑、弃土场一览表 | S3-15 | 1 | |
| 16 | 取土坑、弃土场设计图 | S3-16 | 1 | |
| 17 | 路基防护工程标准图 | S3-17 | 4 | |
| 18 | 路基防护工程设计图 | S3-18 | 19 | |
| 19 | 路基防护工程数量表 | S3-19 | 2 | |
| 20 | 路面工程数量表 | S3-20 | 1 | |
| 21 | 路面结构图 | S3-21 | 1 | |
| 22 | 水泥混凝土路面接缝图 | S3-22 | 4 | |
| 23 | 平曲线上路面加宽表 | S3-23 | 1 | |
| 24 | 路基、路面排水工程数量表 | S3-24 | 4 | |
| 25 | 路基、路面排水工程设计图 | S3-25 | 1 | |
| 26 | 边沟、排水沟设计表 | S3-26 | 1 | |
| | **第四篇　桥梁、涵洞** | | | |
| 1 | 说明 | S4-1 | 2 | |
| 2 | 涵洞一览表 | S4-2 | 1 | |
| 3 | 涵洞工程数量表 | S4-3 | 1 | |
| 4 | 涵洞布置图 | S4-4 | 13 | |
| 5 | 涵洞设计通用图 | S4-5 | 11 | |
| | **第五篇　隧道** | | 无 | |
| | **第六篇　路线交叉** | | | |
| 1 | 说明 | S6-1 | 无 | |

| 序　号 | 图 表 名 称 | 图　号 | 页　数 | 备　注 |
|---|---|---|---|---|
| 2 | 平面交叉设置及工程数量一览表 | S6-2 | 1 | 第一册 |
| 3 | 平面交叉设计图 | S6-3 | 1 | |
| | **第七篇　交通工程及沿线设施** | | 无 | |
| | **第八篇　环境保护与景观设计** | | | |
| 1 | 说明 | S8-1 | 无 | |
| 2 | 环境保护工程数量表 | S8-2 | 1 | |
| 3 | 环保工程设计图 | S8-3 | 1 | |
| | **第九篇　渡口码头及其他工程** | | 无 | |
| | **第十篇　筑路材料** | | | |
| 1 | 说明 | S10-1 | 无 | |
| 2 | 筑路材料料场调查表 | S10-2 | 1 | |
| 3 | 筑路材料供应示意图 | S10-3 | 1 | |
| | **第十一篇　施工组织计划** | | 无 | 第二册 |
| | **第十二篇　预算** | | | |
| | | | | |
| | | | | |
| | | | | |
| | | | | |
| | | | | |
| | | | | |
| | | | | |
| | | | | |
| | | | | |
| | | | | |
| | | | | |
| | | | | |
| | | | | |
| | | | | |
| | | | | |
| | | | | |
| | | | | |
| | | | | |
| | | | | |
| | | | | |

示例 1-3

# 说 明 书

## 一、任务依据及测设经过

1. 任务依据

(1)受＊＊＊＊＊＊交通局委托,＊＊＊＊＊＊对＊＊＊＊＊＊进行＊＊＊阶段施工图设计。

(2)《工程建设标准强制性条文》(公路工程部分)。

2. 测设经过

我院接受勘察设计任务后,随即成立了勘察设计项目组,会同＊＊＊＊＊＊于＊＊＊＊年＊＊月进场展开外业勘测及资料收集工作。在全面调查原路状况的基础上,结合投资、用地等情况,对全线进行了实地放线、横断面与水平测量等。全线各类测量和调查工作于＊＊＊＊年＊＊月＊＊日结束,＊＊月上旬完成施工图设计文件编制。

## 二、基本概况

＊＊＊＊＊＊是连接＊＊＊＊＊＊和＊＊＊＊＊＊的重要通道。该地区属重丘地貌,相对高差70m,海拔在510～580m之间,山体表面土质多为黄色亚黏土,并有少量砂砾石,沿途栽有大量果树苗木。

## 三、设计原则及设计标准

从保护耕地出发,按照充分减少征地、节约投资的原则,本次按四级公路标准设计,设计车速20km/h,路基宽6.5m;其主要技术指标见表1-3。

**主要技术指标表** 表 1-3

| 序 号 | 指 标 名 称 | | 单 位 | 规范值 | 采用值 | 备 注 |
|---|---|---|---|---|---|---|
| 1 | 公 路 等 级 | | 级 | | | |
| 2 | 设 计 速 度 | | km/h | | | |
| 3 | 路面结构类型 | | — | | | |
| 4 | 最小平曲线半径 | 一 般 | m | | | |
| 5 | | 极 限 | m | | | |
| 6 | 不设超高的最小平曲线半径 | | m | | | |
| 7 | 最 大 纵 坡 | | % | | | |
| 8 | 最 小 坡 长 | | m | | | |
| 9 | 凸形竖曲线最小半径 | 一 般 | m | | | |
| 10 | | 极 限 | m | | | |
| 11 | 凹形竖曲线最小半径 | 一 般 | m | | | |
| 12 | | 极 限 | m | | | |

续上表

| 序 号 | 指标名称 | | 单 位 | 规范值 | 采用值 | 备 注 |
|---|---|---|---|---|---|---|
| 13 | 竖曲线最小长度 | | m | | | |
| 14 | 路基宽度 | 一 般 | m | | | |
| | | 最 小 | m | | | |
| 15 | 行车道宽度 | | m | | | |
| 16 | 汽车荷载 | | 级 | | | |
| 17 | 桥涵宽度 | | m | | | |
| 18 | 设计洪水频率 | 大 桥 | | | | |
| | | 小桥、涵洞、路基 | | | | |

## 四、路线走向及主要工程概况

1. 路线走向

本项目路线起于＊＊＊＊＊＊，经＊＊＊＊＊＊＊，接＊＊＊＊＊＊＊，全长约＊＊＊＊＊＊km。

2. 主要工程概况

路基挖方 3.554 7 万 $m^3$、填方 2.831 4 万 $m^3$，排水圬工 0.205 8 万 $m^3$、防护圬工 0.280 2 万 $m^3$、水泥混凝土路面 4.835 193 35 万 $m^2$，新建钢筋混凝土圆管涵洞 497m/38 道，钢筋混凝土盖板涵 2 道。

## 五、沿线地形、地质、地震、气候、水文等自然地理特征

1. 自然地理条件

工区位于＊＊＊＊＊＊，侵蚀堆积地貌，为浅丘地形，地面高程 510～580m，相对高差 70m。地形坡角较陡。区内主要发育一些无名冲沟及灌溉渠道，多与道路垂直相交，地表水系较发达。

本区属亚热带湿润气候区，气候温和，雨量充沛，植被茂盛。年平均气温 15～18℃，极端最高气温 35～37℃，极端最低气温 －5.7℃，各月平均相对湿度在 70%～80%，多年平均相对湿度为 76%，相对湿度最小在冬季。据气象资料统计：多年降雨量 1 200～1 400mm，一般 5～10 月为丰水期，11 月～次年 4 月为枯水期；多年平均蒸发量 800～900mm，以 7～8 月最大。

2. 地岩及岩性

上部为低液限黏土，褐灰～褐黄色，稍湿，多为可塑～硬塑状，局部软塑状，厚度一般 1～7m 不等，属 II 级普通土，该层地表为 0.5～0.7m 厚的耕植土层。

下部为卵石土，褐黄～褐灰色，湿～饱和，稍密～密实，石质成分主要为花岗岩、灰岩、石英岩等，圆～次圆状，中等风化程度，粒径一般 4～15cm，含量 75%～90%，隙间充填物为砂土，含量 10%～25%，勘探深度内未见底。据区域地质资料，其厚度 >50m，属 III 级硬土，该层顶部局部地段分布有 0.2～1.0m 厚的细砂透镜体。

3. 地质构造

工区位于＊＊＊＊＊＊盆地弱活动断裂构造区西部边缘，地震活动微弱。＊＊＊＊＊＊断带之＊＊＊＊＊＊断裂于工区北西侧＊＊＊＊km 处通过，工区地震活动主要受外围地震影响。据 1∶400 万《中国地震动参数区划图》（GB 18306—2001）资料：区内地震动峰值加速度为

0.1$g$，地震动反映谱特征周期为0.4s。抗震设防裂度为VII度。

4. 水文地质条件

岷江水系之＊＊＊＊＊＊河大致上由西向东径流（与道路延伸方向基本垂直）。区内覆盖层广泛分布，厚度大于50m。地下水类型为第四系松散堆积层中之孔隙潜水，主要赋存于卵石土中，具微承压性。初见水位大多在卵石层之中，勘探期间（丰水期）测得地下水静止水位埋深一般0.8～4.5m，局部仅0.5m（虽然无长期水位观测资料，但考虑到勘探期正值雨季及沿线居民点井点调查资料，经综合分析认为：上述静止水位应为工区最高水位），地下水位一般夏高冬低，随季节变化明显，水位年最大变幅约1～1.5 m。在邻近＊＊＊＊＊＊河及支沟、人工沟渠两岸边地带，地下水与地表水体联系尤为密切，并互为补排关系，其水位随河、渠水位涨落，年最大变化幅度达2.0～4.5m。

区内地下水整体上由西向东径流，主要向＊＊＊＊＊＊及其支沟水系排泄。卵石层是主要含水层，富水性和透水性均较好。据有关水文试验资料，渗透系数$K$=20～30m/d。黏土透水性微弱，为相对隔水层。

区内地表水（河、渠水）、地下水类型均属低矿化度、弱碱性重碳酸钙型、镁型水，对混凝土无腐蚀性，可作为工程施工用水。

## 六、路线平、纵断面线形说明

1. 平面

路线起点为＊＊＊＊＊＊，终点为＊＊＊＊＊＊，路线全长＊＊＊＊＊＊km。

全段共有＊＊＊＊＊＊个平曲线，均为基本型。平曲线最小半径90m/处，平曲线长占路线总长的49.84%。

2. 纵断面

纵断面以桥梁、平面交叉口、终点接线位为控制点，按路面补强最小厚度，并结合路面施工必要的施工厚度进行纵坡设计，除个别地段原路纵坡变化太过频繁外，一般对原路不作大幅度纵坡调整，所以个别路段平纵组合欠佳。

全段共设变坡点32个，最大纵坡7.5%，最短坡长100m/处，最小竖曲线半径：凸形2 100m，凹形2 500m。

## 七、路基、路面及排水防护

1. 路基横断面布置及加宽、超高

1）路基横断面布置

本项目路基宽度为6.5m，路面宽度3m，路肩宽0.25m。

2）路基加宽及超高

路基设计（纵断面）高程为道路中线水泥混凝土路面顶面高程，路拱横坡直线段为2%的双向横坡。平曲线半径≤250m时，按规范要求设置加宽，采用第1类加宽值超高采用绕路中心线旋转方式。当平曲线半径小于不设超高的平曲线半径时，按规范要求设置相应超高。

2. 路基设计

1）设计依据

《公路路基设计规范》（JTG D30—2004）。

2)设计标准

路基压实度采用重型击实标准,路基压实度及填料强度要求见表1-4。

**路基压实度及填料强度要求** 表1-4

| 项目分类 | 路床顶面以下深度(cm) | 压实度(%) | 填料最小强度CBR(%) | 填料最大粒径(cm) |
|---|---|---|---|---|
| 上路床 | 0~0.3 | ≥95 | 6 | 10 |
| 下路床 | 0.3~0.8 | ≥95 | 4 | 10 |
| 零填及挖方 | 0~0.3 | ≥95 | 6 | 10 |
| | 0.3~0.8 | ≥95 | 4 | 10 |
| 上路堤 | 0.8~1.5 | ≥94 | 3 | 15 |
| 下路堤 | 1.5以下 | ≥92 | 2 | 15 |

路基填筑前,必须清除淤泥、种植土和不易压实的软弱土层、杂物,并进行填前压实,压实度(重型)不小于90%,当路基填土高度小于路面和路床总厚度时,基底的压实度不小于路床压实标准。要求清除种植土厚度不小于20cm。路基应分层填筑、分层压实(分层最大松铺厚度不应超过30cm)。

3)路基边坡

新线路段均为填方,填方高度小于2m,路基填料采用砂砾石,填料最大粒径应小于150mm,填方边坡采用1∶1.5。

4)零填路基设计

凡填方高度小于路面和路床总厚度时,路面底面以下0.6m的范围内应进行超挖换填砂砾石,填料最小强度CBR值应满足设计要求。

5)特殊路基处理

对水塘、鱼塘路段:淤泥厚度一般较浅,施工时先排水、清淤,后换填砂砾石。

6)路基防护工程设计

对既有路基山坡体存在碎落、坍塌路段,下部设置4m高的路堑挡墙。新线路段填方边坡采用实体护坡进行坡面防护。

3.路基、路面排水

1)路基排水

排水系统由路拱、路基边沟、桥涵组成。路基两侧的排水沟原则上尽量拉通设置,并结合路面排水、桥涵以及沿线排灌沟渠形成完整的排水系统。

部分路段排水不畅,淤塞严重,需对既有水沟进行清理、整治。

2)路面排水为路面表面排水

(1)路面排水设计降雨的重现期为三年。

(2)一般路段路面设2%、路肩设3%的双向拱坡,路表水以漫流的形式汇流于边沟。

(3)超高路段路面排水由单向超高横坡的路表排入边沟。

(4)路段绿化带设不小于5%的向外倾斜的单向横坡,以便路表水汇流于边沟。

4.取土、弃土、绿化带

在路基和边沟之间设置绿化带,路基清除的种植土和淤泥以及边沟挖除的软土弃于绿化带,用于绿化带填土。

5. 路面

1）设计依据

（1）《公路水泥混凝土路面设计规范》（JTG D40—2002）。

（2）《公路水泥混凝土路面施工技术规范》（JTG F30—2003）。

（3）《公路路面基层施工技术规范》（JTJ 034—2000）。

2）主要技术标准

| | |
|---|---|
| 道路等级 | 四级公路 |
| 面层类型 | 水泥混凝土路面 |
| 路拱横坡 | 2% |
| 路肩横坡 | 3% |
| 标准轴载 | BZZ-100kN |
| 设计使用年限 | 20年 |

3）土基回弹模量

路线所经地区属自然区划 $V_2$ 区，为 * * * * 盆地中湿区，路基填料为砂砾石，取 $E_0 = 50\text{MPa}$。

4）路面材料设计参数（表1-5）

**路面材料设计参数表**

表1-5

| 材料名称 | 回弹模量（MPa） | 弯拉弹性模量（GPa） |
|---|---|---|
| 土基 | 50 | — |
| 砂砾垫层 | 200 | — |
| 水泥稳定碎砾石基层 | 1 300 | — |
| 水泥混凝土面层 | — | 29 |

5）路面组合及路面厚度计算

根据预测的远景交通量为设计年限内一个车道累计轴次（50万次），并参照《公路水泥混凝土路面设计规范》（JTG D40—2002），当以水泥混凝土面层层底弯拉应力为控制指标时，根据计算，路面组合及路面各结构层厚度取值如下：

（1）路段

面　层：22cm 水泥混凝土

基　层：18cm 水泥稳定碎砾石

底基层：40cm 天然砂砾

（2）路缘石

无路堤护坡地段采用C25混凝土预制块（厚度22cm），有路堤护坡地段可与实体护坡一起进行砌筑。

6）路面材料技术要求

（1）水泥混凝土面层

水泥混凝土路面采用普通混凝土板的材料及混合料设计要求。

水泥：采用大厂生产的42.5R普通硅酸盐水泥，水泥的物理性质及化学成分应符合现行的国家标准的规定。

粗集料：采用卵砾石轧制成的碎石（应选用10cm以上的卵砾石，并尽量剔除软弱颗粒）或坚硬的石灰岩轧制成的碎石，形状接近立方体、针片状颗粒含量不大于20%，水洗法时粒径小于0.075mm的颗粒含量不大于1.0%，其压碎值不得大于16%，软弱颗粒含量不大于5%。粗集料的级配范围见表1-6。

**粗集料的级配范围** 表1-6

| 筛孔尺寸(mm) | 31.5 | 26.5 | 19.0 | 9.5 | 4.75 | 2.36 | 0.6 | 0.075 |
|---|---|---|---|---|---|---|---|---|
| 累计筛余(%) | 100 | 90～100 | 72～89 | 47～67 | 29～49 | 17～35 | 8～22 | 0～7 |

细集料：采用天然河沙，天然河沙中水洗法时粒径小于0.075mm的颗粒含量不大于3.0%，细度模数宜在2.5以上。

水：用于混凝土的水不应含有影响混凝土质量的物质。

水泥混凝土：设计抗弯拉强度为4.5MPa。

(2)水泥稳定碎砾石基层

水泥：采用普通硅酸盐水泥、矿渣硅酸盐水泥和火山灰质硅酸盐水泥均可，宜选用初凝时间3h以上的M42.5水泥。

碎砾石：压碎值≤30%，碎砾石最大粒径≤37.5mm。

水泥稳定碎砾石7d浸水抗压强度≥2.5MPa，压实度≥96%（按重型击实标准）。水泥稳定碎砾石的级配要求见表1-7。

**水泥稳定碎砾石材料集料的级配范围** 表1-7

| 层位 | 通过下列筛孔(方孔筛,mm)的质量百分率(%) | | | | | | | | | |
|---|---|---|---|---|---|---|---|---|---|---|
| | 37.5 | 31.5 | 19 | 9.5 | 4.75 | 2.36 | 0.6 | 0.075 | 液限 | 塑限 |
| 基层 | 100 | 90～100 | 67～90 | 45～68 | 29～50 | 18～38 | 8～22 | 0～7 | — | — |

设计推荐配合比掺水泥4%，施工时应以实际配合比为准。

(3)天然砂砾底基层

用做天然砂砾底基层的天然砂砾其液限应小于28%，塑性指数应小于9，其集配范围应满足表1-8要求。

**天然砂砾底基层的级配范围** 表1-8

| 层　位 | 通过下列筛孔(方孔筛,mm)的质量百分率(%) | | | | | |
|---|---|---|---|---|---|---|
| | 53 | 37.5 | 9.5 | 4.75 | 0.6 | 0.075 |
| 底基层 | 100 | 80～100 | 40～100 | 25～85 | 8～45 | 0～15 |

7)施工注意事项

(1)水泥混凝土路面面板的施工

①施工前应绑扎钢筋混凝土板的钢筋，预设拉杆、传力杆、板边补强钢筋等，采取有效定位和固定措施，检查无误后，方可浇筑水泥混凝土。

②横向施工缝设在横向缩缝或胀缝处，设在缩缝处应加设传力杆。

③严格控制水泥混凝土的配合比，特别是水灰比，摊铺后应进行充分捣实，表面应避免过多人工修饰，水泥混凝土路面表面应进行防滑处理（建议采用刻痕机横向刻痕的施工工艺）。

(2)路面面层、基层、底基层均要求按有关规程、规范进行原材料试验，并按规定要求进行配合比试验。

(3)路面各结构应达到表1-9规定的竣工弯沉值(BZZ-100kN)。

**路面竣工验收弯沉值**(1/100mm)　　表1-9

| 路面结构层 | 竣工验收弯沉值 | 路面结构层 | 竣工验收弯沉值 |
|---|---|---|---|
| 基层顶面 | 70 | 路基顶面 | 300 |
| 底基层顶面 | 150 | | |

## 八、桥梁、涵洞

全线新设小桥1座(K0+163)，根据沿线水文地质、筑路材料分布情况，本着就地取材、方便施工、节省造价的原则，桥梁上部构造采用钢筋混凝土空心板，下部结构采用片石混凝土。

为满足公路排水和农田排灌需要，全线设涵洞40道，其中圆管涵38道，钢筋混凝土盖板涵2道。

## 九、交叉

全线共设置平面交叉1处。

## 十、交通工程及沿线设施

按《公路交通安全设施设计规范》(JTG D81—2006)、《公路交通安全设施设计细则》(JTG/T D81—2006)、《公路交通安全设施施工技术规范》(JTG F71—2006)、《公路交通标志和标线设置手册》(JTG D82—2009)、《公路交通标志和标线设置规范》(JTG D82—2009)、《公路交通标志板》(JT/T 279—2004)、《公路交通标志反光膜》(GB/T 18833—2002)、《路面标线涂料》(JT/T 280—2004)、《路面标线用玻璃珠》(JT/T 446—2001)，全线设置了警告、禁令、指路、旅游标志和道路中心线、车道分界线、人行横道线等标线。

## 十一、筑路材料

全线所用砂砾、中粗砂、碎石、卵石，均从料场购买，水泥、石灰、木材、钢材从沿线城镇购买。

## 十二、其他需要说明的问题

(1)建议作专项的景观绿化设计，预算文件已计入该项费用。

(2)排水及防护工程施工之前，应对既有水系、沟底高程、起讫桩号进行核实，如发现与实际有出入，应及时通知设计单位作相应调整。

(3)其他未尽事宜，应严格按照公路桥涵有关规范、标准和规程等进行施工。

示例 1-4

**主要技术经济指标表**

表 1-10

| 序　号 | 指标名称 | 单　位 | 数　量 | 备　注 |
|---|---|---|---|---|
| 1 | 2 | 3 | 4 | 5 |
|  | **一、基本指标** |  |  |  |
| 1 | 公路等级 | 级 | 四级 |  |
| 2 | 设计速度 | km/h | 20 |  |
| 3 | 远景交通量 |  |  |  |
| 4 | 新征土地 | 亩 | 94.1 |  |
| 5 | 预算总额 | 万元 |  |  |
| 6 | 平均每公里造价 | 万元 |  |  |
|  | **二、路线** |  |  |  |
| 7 | 路线总长 | km | 4.138 87 |  |
| 8 | 路线增长系数 |  | 2.029 |  |
| 9 | 平均每公里交点数 | 个 | 8.456 |  |
| 10 | 平曲线最小半径 | m/个 | 15.1 |  |
| 11 | 回头曲线 | 个 | 5 |  |
| 12 | 回头曲线最小半径 | m | 15.1 |  |
| 13 | 平曲线长占路线总长 | % | 55.351 |  |
| 14 | 直线最大长度 | m | 339.64 |  |
| 15 | 最大纵坡 | %/处 | 8.9/1 |  |
| 16 | 最短坡长 | m/处 | 70/2 |  |
| 17 | 竖曲线占路线总长 | % | 1 236.16 |  |
| 18 | 平均每公里纵坡变更次数 | 次 | 5.557 |  |
| 19 | 竖曲线最小半径 |  |  |  |
|  | 凸形 | m/个 | 600/1 |  |
|  | 凹形 | m/个 | 700/1 |  |
|  | **三、路基、路面** |  |  |  |
| 20 | 路基宽度 | m |  |  |

续上表

| 序　号 | 指 标 名 称 | 单　位 | 数　量 | 备　注 |
| --- | --- | --- | --- | --- |
| 1 | 2 | 3 | 4 | 5 |
| 21 | 土石方数量 | | | |
| 22 | 平均每公里土石方 | 1 000m$^3$ | 25.953 | |
| 23 | 防护工程 | m$^3$ | 10 882.8 | |
| 24 | 排水工程 | m$^3$ | 2 627.2 | |
| 25 | 路面结构 | | | |
| | 水泥混凝土路面 | | | |
| | (1)22cm 厚 C30 水泥混凝土面层 | 1 000m$^2$ | 28.465 | |
| | (2)20cm 厚水泥稳定级配碎石基层 | 1 000m$^2$ | 26.421 | |
| | (3)C20 混凝土硬路肩 | m$^3$ | 449.700 | |
| | **四、桥梁、涵洞** | | | |
| 26 | 设计车辆荷载 | 公路-II 级 | | |
| 27 | 桥面宽度 | | | |
| 28 | 中桥 | m/座 | | |
| 29 | 小桥 | m/座 | | |
| 30 | 涵洞 | m/道 | 132.21/13 | |
| 31 | 平均每公里桥长 | m | | |
| 32 | 平均每公里涵洞道数 | 道 | 3.14 | |
| | **五、隧道** | | | |
| | **六、路线交叉** | | | |
| 33 | 平面交叉 | 处 | 4 | |
| | **七、沿线设施及其他工程** | | | |
| 34 | 波形护栏 | m | 720 | |
| 35 | 标志牌 | 块 | 27 | |
| 36 | 里程碑 | 个 | 4 | |
| 37 | 百米桩 | 个 | 37 | |
| 38 | 公路界碑 | 个 | 64 | |
| 39 | 标线 | m$^2$ | 1 717.7 | |

编制：　　　　　　　　　　　　　　　　　　复核：

## 六、评价与反馈

1. 学生自我评价

此次设计任务是否顺利？______

若不顺利，请列出遇到的问题：______

分析出现问题的原因，并提出修正方案：______

您认为还需加强哪些方面的指导？______

2. 学习工作过程评价表

**任务评分表**

| 考核项目 | 分数 | | | 学生自评 | 小组互评 | 教师评价 | 小计 |
|---|---|---|---|---|---|---|---|
| | 差 | 中 | 好 | | | | |
| 团队合作精神 | 3 | 6 | 10 | | | | |
| 活动参与是否积极 | 3 | 6 | 10 | | | | |
| 引导问题回答是否正确 | 10 | 25 | 40 | | | | |
| 合同填写是否正确 | 10 | 25 | 40 | | | | |
| 总分 | 100 | | | | | | |
| 教师签字： | | | 年 月 日 | | | 得分 | |

# 学习任务二　天府—通平新建二级公路平面设计

## 一、任务描述

平面设计是路线设计的重要组成部分,设计时应结合平、纵、横断面综合考虑,达到各元素之间的协调一致,做到组成合理、用地节省、工程经济和有利于环境保护。根据公路设计要求,对每一个弯道确定合理的圆曲线半径、缓和曲线长度,及适宜的平曲线线形组合。

## 二、学习目标

通过本学习任务的学习,应达到以下要求:

(1)会描述平面线形的组成。

(2)会确定圆曲线半径、缓和曲线长度,掌握平面设计要求。

(3)会描述平面设计方法。

(4)能根据设计任务,进行公路平面设计,完成路线平面线形设计,并提交设计成果。

## 三、内容结构

本次学习任务的内容结构如图 2-1 所示。

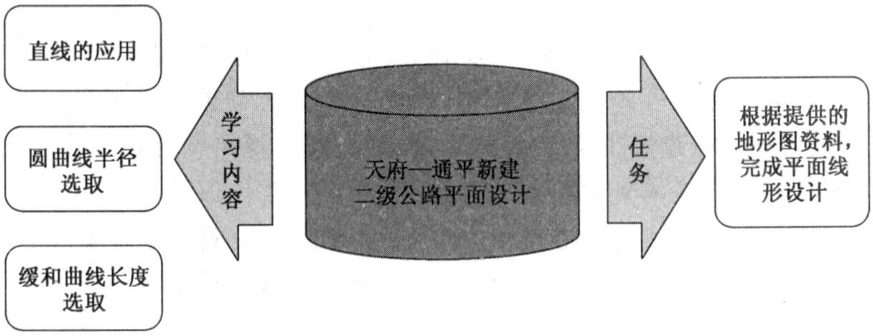


图 2-1　内容结构图

## 四、任务实施

### (一)学习准备

1. 基本概念

**路线平面图**:路线在水平面上的投影称作路线的平面。

**极限最小半径**:是各级公路按计算行车速度行驶的车辆能保证安全行车的最小允许半径。

**一般最小半径**:是指各级公路按计算行车速度行驶的车辆能保证安全、舒适行车的最小允许半径。

**缓和曲线**:是道路平面线形要素之一,它是设置在直线与圆曲线之间或半径相差较大的两个转向相同的圆曲线之间的一种曲率连续变化的曲线。

**S形**:两个反向圆曲线用两段回旋线连接的组合。

**卵形**:用一个回旋线连接两个同向圆曲线的组合。

**凸形**:在两个同向回旋线间不插入圆曲线而径相衔接的组合。

**复合形**:两个以上同向回旋线间在曲率相等处相互连接的形式。

**C形**:同向曲线的两回旋线在曲率为零处径相衔接的形式。

**行车视距**:汽车在行驶中,当发现障碍物后,能及时采取措施,防止发生交通事故所需要的必须的最小距离。

**停车视距**:汽车行驶时,自驾驶人员看到前方障碍物时起,至到达障碍物前安全停止,所需的最短距离。

**会车视距**:在同一车道上两对向汽车相遇,从相互发现时起,至同时采取制动措施使两车安全停止,所需的最短距离。

**错车视距**:在没有明确划分车道线的下车道道路上,两对向行驶之汽车相遇,发现后,立即采取减速避让措施安全错车所需的最短距离。

**超车视距**:在双车道公路上,后车超越前车时,从开始驶离原车道之处起,至可见逆行车并能超车后安全驶回原车道所需的最短距离。

2. 知识要点

本次学习任务的知识要点为平面线形设计,具体要求见《公路路线设计规范》(JTG D20—2006)中的"9.2 平面线形设计"。

9.2　平面线形设计

9.2.1　一般规定

(1)平面线形应直捷、连续、均衡,并与地形相适应,与周围环境相协调。

(2)各级公路不论转角大小均应敷设曲线,并宜选用较大的圆曲线半径。转角过小时,应调整平面线形。当不得已而设置小于7°的转弯时,则必须按规定设置足够长的曲线。

(3)两同向圆曲线间应设有足够长度的直线,否则应调整线形设置为单曲线或复曲线。

(4)两反向圆曲线间不应设置短直线段,否则应调整线形设置为S形曲线。

(5)六车道及其以上的高速公路,同向或反向圆曲线间插入的直线长度,还应符合路基外侧边缘超高过渡渐变率规定的要求。

(6)设计速度等于或小于40km/h的双车道公路,两相邻反向圆曲线无超高时可径相衔接,无超高有加宽时应设置长度不小于10m的加宽过渡段;两相邻反向圆曲线设有超高时,地形条件特殊困难路段的直线长度不得小于15m。

(7)设计速度等于或小于40km/h的双车道公路,应避免连续急弯的线形。地形条件特殊困难不得已而设置时,应在曲线间插入规定的直线长度或回旋线。

9.2.2　直线的运用

(1)直线的运用应注意同地形、环境的协调与配合。采用直线线形时,其长度不宜过长。

(2)农田、河渠规整的平坦地区、城镇近郊规划等以直线条为主体时,宜采用直线线形。

(3)特长、长隧道或结构特殊的桥梁等构造物所处的路段,以及路线交叉点前后的路段宜采用直线线形。

(4)双车道公路为超车所提供的路段宜采用直线线形。

9.2.3 圆曲线的运用

(1)设置圆曲线时应与地形相适应,以采用超高为2% ~4%的圆曲线半径为宜。

(2)条件受限制时,可采用大于或接近于圆曲线最小半径的“一般值”;地形条件特殊困难而不得已时,方可采用圆曲线最小半径的“极限值”。

(3)设置圆曲线时,应同相衔接路段的平、纵线形要素相协调,使之构成连续、均衡的曲线线形,并避免小半径圆曲线与陡坡相重合的线形。

各级公路的圆曲线最小半径见表2-1。

**各级公路的圆曲线最小半径**

表2-1

| 设计速度(km/h) | | 120 | 100 | 80 | 60 | 40 | 30 | 20 |
|---|---|---|---|---|---|---|---|---|
| 一般值(m) | | 1 000 | 700 | 400 | 200 | 100 | 65 | 30 |
| 极限值(m) | | 650 | 400 | 250 | 125 | 60 | 30 | 15 |
| 不设超高最小半径(m) | 路拱≤2.0% | 5 500 | 4 000 | 2 500 | 1 500 | 600 | 350 | 150 |
| | 路拱>2.0% | 7 500 | 5 250 | 3 350 | 1 900 | 800 | 450 | 200 |

9.2.4 回旋线的运用

(1)设计速度大于或等于60km/h时,回旋线应作为线形要素之一加以运用。回旋线—圆曲线—回旋线的长度以大致接近为宜。两个回旋线的参数值亦可以根据地形条件设计成非对称的曲线,但 $A_1$: $A_2$ 不应大于2.0。

(2)回旋线参数宜依据地形条件及线形要求确定,并与圆曲线半径相协调。

①当 $R$ 小于100m时,$A$ 宜大于或等于 $R$。

②当 $R$ 接近于100m时,$A$ 宜等于 $R$。

③当 $R$ 较大或接近于3 000m时,$A$ 宜等于 $R/3$。

④当 $R$ 大于3 000m时,$A$ 宜小于 $R/3$。

(3)两反向圆曲线相衔接或插入的直线长度不足时,可用回旋线将两反向圆曲线连接组合为S形曲线。

①S形曲线的两回旋线参数 $A_1$ 与 $A_2$ 宜相等。

②当采用不同的回旋线参数时,$A_1$ 与 $A_2$ 之比应小于2.0,有条件时以小于1.5为宜。当 $A_2 \leq 200$ 时,$A_1$ 与 $A_2$ 之比应小于1.5。

③两圆曲线半径之比不宜过大,以 $R_1/R_2 \leq 2$ 为宜($R_1$ 为大圆曲线半径;$R_2$ 为小圆曲线半径)。

(4)两同向圆曲线相衔接或插入的直线长度不足时,可用回旋线将两同向圆曲线连接组合为卵形曲线。

①卵形曲线的回旋线参数宜选 $R_2/2 \leq A \leq R_2$($R_2$ 为小圆曲线半径)。

②两圆曲线半径之比,以 $R_2/R_1 = 0.2 \sim 0.8$ 为宜。

③两圆曲线的间距,以 $D/R_2 = 0.003 \sim 0.03$ 为宜($D$ 为两圆曲线间的最小间距)。

(5)受地形条件限制时,可将两同向回旋线在曲率相同处相衔接而组合为凸形曲线。

凸形曲线只有在路线严格受地形限制,且对接点的曲率半径相当大时方可采用。

①凸形曲线的回旋线参数及其对接点的曲率半径,应分别符合容许最小回旋参数和圆曲线最小半径的规定。

②对接点附近的0.3$v$(以m计;其中$v$为设计速度,按km/h计)长度范围内,应保持以对接点的曲率半径确定的路拱横坡度。

(6)受地形条件限制时,大半径圆曲线与小半径圆曲线相衔接处,可采用两个或两个以上同向回旋线在曲率相同处相连接而组合为复合曲线。复合曲线的两个回旋线参数之比以小于1.5为宜。

复合曲线在受地形条件限制,或互通式立体交叉的匝道设计中可采用。

(7)受地形条件或其他特殊情况限制时,可将两同向圆曲线的回旋线曲率为零处相衔接而组合为C形曲线。

C形曲线仅限于地形条件特殊困难,路线严格受限制时方可采用。

各级公路缓和曲线最小长度见表2-2。

**各级公路缓和曲线最小长度**　　表2-2

| 设计速度(km/h) | 120 | 100 | 80 | 60 | 40 | 30 | 20 |
|---|---|---|---|---|---|---|---|
| 最小长度(m) | 100 | 85 | 70 | 60 | 40 | 30 | 20 |

3.示例

现以某工程路段为例,介绍公路平面设计的相关内容。

(1)示例2-1:路线平面图(图2-2)

(2)示例2-2:直线、曲线及转角表(表2-3)

(3)示例2-3:逐桩坐标表(表2-4)

4.引导问题

**引导问题1:**

(1)根据示例2-1请写出:公路平面线形是由______、______、______三要素组合而成。

(2)当同向曲线间直线距离较短时,易引起驾驶失误,这种曲线叫______曲线。

(3)路面在平面上有三条基线,即路面未加宽时的______、______、______。

(4)公路平面设计成果主要反映在______、______两个方面。

**引导问题2:**

(1)在一般情况下,宜选用大于标准所规定的______半径,只有当受地形、地物或其他条件限制时,方可采用小于______半径值,不要轻易采用______。

(2)某单交点平曲线转角$\alpha=7°28'00''$,圆曲线半径$R=300$m,选用缓和曲线长$L_h=60$m,该缓和曲线能否设置?答:(　　)

A.能　　B.不能　　C.无法判定

**引导问题3:**

(1)缓和曲线的作用有哪些?

示例2-1

| K3+400~K4+138.872 | |
|---|---|
| 第5页 | 共5页 |

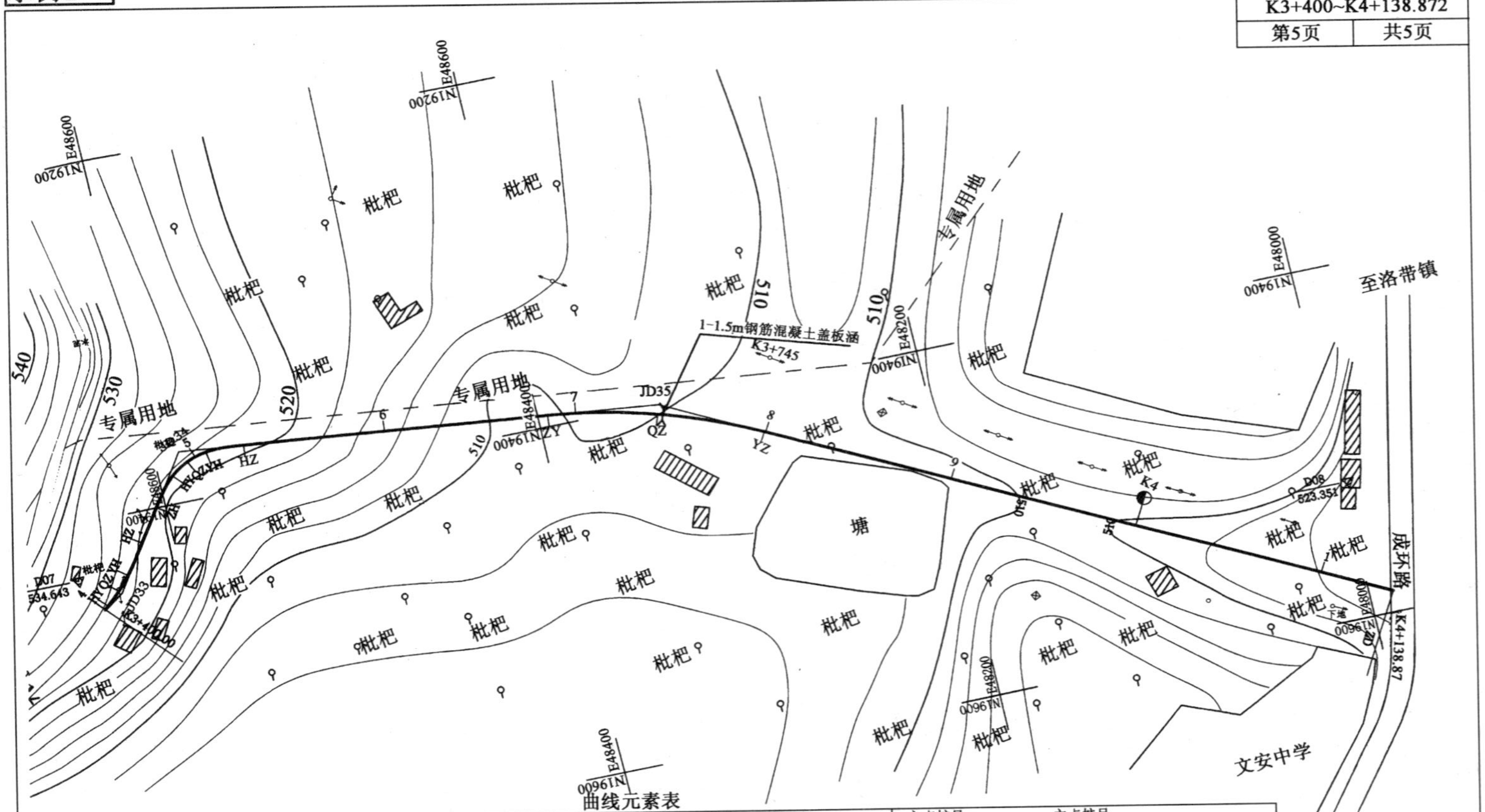


曲线元素表

| 交点号 | 交点坐标 X(N) | 交点坐标 Y(E) | 交点桩号 | 转角值 | 曲线要素值(m) 半径 | 缓和曲线长度 | 切线长度 | 曲线长度 | 外距 | 校正值 | 主点桩号 直缓(ZH) | 缓圆(HY) | 主点桩号 曲中(QZ) | 圆缓(YH) | 缓直(HZ) |
|---|---|---|---|---|---|---|---|---|---|---|---|---|---|---|---|
| JD30 | 19 443.279 | 48 632.842 | K3+412.912 | 20° 58′ 00.4″ (Z) | 110 | 20 | 30.380 | 60.253 | 2.021 | 0.506 | K3+382. 533 | K3+402.533 | K3+412.659 | K3+422.786 | K3+442.786 |
| JD34 | 19 371.485 | 48 586.519 | K3+497.848 | 63° 42′ 20.2″ (Y) | 38 | 20 | 33.858 | 62.251 | 7.252 | 5.465 | K3+ 463.989 | K3+483.989 | K3+495.115 | K3+506.240 | K3+526.240 |
| JD35 | 19 400.025 | 48 337.428 | K3+743.104 | 21° 42′ 07.3″ (Y) | 300 | | 57.505 | 113.632 | 5.462 | 1.378 | K3+685.599 | K3+685.599 | K3+742.415 | K3+799.230 | K3+799.230 |
| ZD | 19 587.931 | 47 987.546 | K4+138.872 | | | | | | | | | | | | |

注：本图比例1∶2 000。

| 设计单位 | 项目名称 | 路线平面图 | 设计 | | 复核 | | 审核 | | 图号 | | 日期 | |
|---|---|---|---|---|---|---|---|---|---|---|---|---|

图2-2　某路段路线平面图

示例 2-2

## 直线、曲线及转角表

表 2-3

S2-4　　第 3 页　　共 4 页

| 交点号 | 交点坐标 | | 交点桩号 | 转角值 | 曲线要素值(m) | | | | | | | 曲线主点桩号 | | | | | 直线长度及方向 | | | 备注 |
|---|---|---|---|---|---|---|---|---|---|---|---|---|---|---|---|---|---|---|---|---|
| | N (X) | E (Y) | | | 半径 | 缓和曲线长度 | 缓和曲线参数 | 切线长度 | 曲线长度 | 外距 | 校正值 | 第一缓和曲线起点 | 第一缓和曲线终点或圆曲线起点 | 曲线中点 | 第二缓和曲线起点或圆曲线终点 | 第二缓和曲线终点 | 直线段长(m) | 交点间距(m) | 计算方位角 | |
| 1 | 2 | 3 | 4 | 5 | 6 | 7 | 8 | 9 | 10 | 11 | 12 | 13 | 14 | 15 | 16 | 17 | 18 | 19 | 20 | 21 |
| JD29 | 19 448. 924 | 48 851. 351 | | 接上页 | 130. 00 | 20 | 50. 99 | 30. 54 | 60. 72 | 1. 74 | 0. 37 | K2+936. 58 | K2+956. 58 | K2+966. 94 | K2+977. 29 | K2+997. 29 | | | | |
| | | | | | | | | | | | | | | | | | 50. 13 | 382. 12 | 61°00′08. 5″ | |
| JD30 | 19 634. 168 | 49 185. 572 | K3+348. 87 | 173°22′47. 3″(Z) | 15. 83 | 20 | 17. 79 | 301. 45 | 67. 89 | 276. 2 | 535. 0 | K3+047. 43 | K3+067. 43 | K3+081. 37 | K3+095. 32 | K3+115. 32 | | | | |
| | | | | | | | | | | | | | | | | | | 106. 33 | 61°00′08. 5″ | |
| JD30A | 19 500. 471 | 48 944. 353 | | 89°51′47. 5″(Z) | | | | 25. 655 | | | | | | | | | | | | |
| | | | | | | | | | | | | | | | | | | 32. 00 | 331°08′21″ | |
| JD30B | 19 528. 497 | 48 928. 907 | | 83°30′59. 8″(Z) | | | | 23. 881 | | | | | | | | | | | | |
| | | | | | | | | | | | | | | | | | 49. 89 | 105. 42 | 247°37′21. 3″ | |
| JD31 | 19 488. 362 | 48 831. 424 | K3+196. 86 | 30°13′19. 4″(Y) | 80. 00 | 20 | 40. 00 | 31. 65 | 62. 20 | 3. 08 | 1. 11 | K3+165. 20 | K3+185. 20 | K3+196. 30 | K3+207. 40 | K3+227. 40 | | | | |
| | | | | | | | | | | | | | | | | | 52. 37 | 116. 38 | 277°50′40. 7″ | |
| JD32 | 19 504. 246 | 48 716. 135 | K3+312. 13 | 44°02′49. 9″(Z) | 55. 00 | 20 | 33. 17 | 32. 36 | 62. 28 | 4. 66 | 2. 44 | K3+279. 77 | K3+299. 77 | K3+310. 91 | K3+322. 05 | K3+342. 05 | | | | |
| | | | | | | | | | | | | | | | | | 40. 48 | 103. 22 | 233°47′50. 7″ | |
| JD33 | 19 443. 279 | 48 632. 842 | K3+412. 91 | 20°58′00. 4″(Z) | 110. 00 | 20 | 46. 90 | 30. 38 | 60. 25 | 2. 02 | 0. 51 | K3+382. 53 | K3+402. 53 | K3+412. 66 | K3+422. 79 | K3+442. 79 | | | | |
| | | | | | | | | | | | | | | | | | 21. 20 | 85. 44 | 212°49′50. 4″ | |
| JD34 | 19 371. 485 | 48 586. 519 | K3+497. 85 | 63°42′20. 2″(Y) | 38. 00 | 20 | 27. 57 | 33. 86 | 62. 25 | 7. 25 | 5. 47 | K3+463. 99 | K3+483. 99 | K3+495. 11 | K3+506. 24 | K3+526. 24 | | | | |
| | | | | | | | | | | | | | | | | | 159. 36 | 250. 72 | 276°32′10. 5″ | |
| JD35 | 19 400. 025 | 48 337. 428 | K3+743. 10 | 21°42′07. 3″(Y) | 300. 00 | | 57. 51 | 113. 63 | 5. 46 | 1. 38 | | K3−685. 60 | K3+742. 41 | K3+799. 23 | | | | | | |
| | | | | | | | | | | | | | | | | | 339. 64 | 397. 15 | 298°14′17. 8″ | |
| ZD | 19 587. 931 | 47 987. 546 | K4+138. 87 | | | | | | | | | | | | | | | | | |

编制：　　　　　　复核：

示例 2-3

# 逐桩坐标表

表 2-4

第 3 页　　共 3 页　　S2-14

| 桩号 | 坐标 | | 桩号 | 坐标 | | 桩号 | 坐标 | |
|---|---|---|---|---|---|---|---|---|
| | N (X) | E (Y) | | N (X) | E (Y) | | N (X) | E (Y) |
| K3+400 | 19 448.931 | 48 641.589 | K3+820 | 19 437.060 | 48 268.469 | | | |
| K3+412.66 | 19 441.892 | 48 634.312 | K3+840 | 19 446.523 | 48 250.849 | | | |
| K3+422.79 | 19 434.215 | 48 627.715 | K3+860 | 19 455.985 | 48 233.229 | | | |
| K3+442.79 | 19 417.752 | 48 616.371 | K3+880 | 19 465.448 | 48 215.609 | | | |
| K3+463.99 | 19 399.935 | 48 604.876 | K3+900 | 19 474.911 | 48 197.990 | | | |
| K3+483.99 | 19 384.192 | 48 592.641 | K3+920 | 19 484.374 | 48 180.370 | | | |
| K3+495.12 | 19 378.038 | 48 583.414 | K3+940 | 19 493.837 | 48 162.750 | | | |
| K3+506.24 | 19 374.812 | 48 572.813 | K3+952 | 19 499.514 | 48 152.178 | | | |
| K3+526.24 | 19 375.339 | 48 552.881 | K3+960 | 19 503.299 | 48 145.130 | | | |
| K3+540 | 19 376.905 | 48 539.211 | K3+980 | 19 512.762 | 48 127.511 | | | |
| K3+560 | 19 379.182 | 48 519.341 | K4+000 | 19 522.225 | 48 109.891 | | | |
| K3+585.60 | 19 382.096 | 48 493.907 | K4+020 | 19 531.688 | 48 092.271 | | | |
| K3+600 | 19 383.735 | 48 479.601 | K4+040 | 19 541.151 | 48 074.651 | | | |
| K3+620 | 19 386.012 | 48 459.731 | K4+046.50 | 19 544.226 | 48 068.925 | | | |
| K3+640 | 19 388.289 | 48 439.861 | K4+060 | 19 550.613 | 48 057.032 | | | |
| K3+660 | 19 390.565 | 48 419.991 | K4+080 | 19 560.076 | 48 039.412 | | | |
| K3+680 | 19 392.842 | 48 400.121 | K4+100 | 19 569.539 | 48 021.792 | | | |
| K3+700 | 19 395.461 | 48 380.296 | | | | | | |
| K3+720 | 19 399.344 | 48 360.680 | | | | | | |
| K3+742.42 | 19 405.239 | 48 339.054 | | | | | | |
| K3+745 | 19 406.020 34 | 48 336.595 69 | | | | | | |
| K3+760 | 19 410.980 86 | 48 322.441 31 | | | | | | |
| K3+780 | 19 418.683 29 | 48 303.988 01 | | | | | | |
| K3+799.23 | 19 427.233 | 48 286.766 | | | | | | |

编制：　　　　复核：

（2）确定缓和曲线长度应考虑哪些因素？

**引导问题 4：**

（1）根据测定，在转角小于 7°时，司机容易产生错觉，即曲线长将被看成比实际的________________，公路产生急转弯。

（2）已知：平曲线 JD1 桩号为 K15 + 629.04，其 HZ 点桩号为 K15 + 700.60，JD2 桩号为 K16 + 340.34，两曲线间直线距离 520.90m。若 JD2 所设对称式基本平曲线 $R = 300\text{m}$，$A_2 = 210\text{m}$，$L = 232.18\text{m}$，试计算：

①JD2 切线 $T$，曲线的 5 个主点桩号。

②若 JD2 与 JD3 为同向曲线，JD3 曲线的 ZH 点桩号为 K16 + 940.68，设计行车速度 $V = 80\text{km/h}$，试问两曲线间距离是否满足规范要求？

（3）某公路，已知 JD1、JD2、JD3 的坐标分别为（952.614，65.423）、（420.528，200.328）、（550.456，820.473），试求 JD2 的偏角 $\alpha$（说明是 $\alpha_z$ 还是 $\alpha_y$）。

（4）某一公路平曲线，已知偏角 $\alpha = 17°17'13''$，缓和曲线长度 $L_s = 70\text{m}$，控制外距不得大于 7m，求平曲线最大半径值应为多少（取 10m 的整倍数值）？

(5)公路平曲线的偏角 $\alpha=6°15'32''$,为了使曲线长度超过 300m,平曲线半径最小选多少(取 100m 的整倍数值)?

(6)已知某段路线,JD1 桩号为 K3 + 235,切线长 $T_{h1}=35m$,曲线全长 $L_{h1}=69.80m$,JD1 ~ JD2 的距离为 400m,JD2 处设置 $R=100m$,其缓和曲线长度 $l_h=30m$,切线长 $T_{h2}=72.94m$,曲线全长 $L_{h2}=134.71m$。求 JD2 及其各主点桩号。

## (二)拓展训练

已知某三级公路,设计速度为 40km/h,请根据提供的信息,完成下列内容。

1. 根据《________规范》,圆曲线最小半径是________、圆曲线极限最小半径是________、圆曲线不设超高的最小半径是________。

2. 三级公路缓和曲线最小长度是________。

3. 反向夹直线长度不小于________,同向夹直线长度不小于________。

4. 请将表 2-5、表 2-6 中空白处填写完整。

**曲 线 要 素 表** 表 2-5

| 交点号 | 交点坐标 | | 交点桩号 | 转角值 | 曲线要素(m) | | | | | |
|---|---|---|---|---|---|---|---|---|---|---|
| | X | Y | | | 半径 | 缓和曲线长 | 切线长度 | 曲线长 | 外距 | 校正值 |
| 1 | 2 | 3 | 4 | 5 | 6 | 7 | 8 | 9 | 10 | 11 |
| QD | 41 808.2 | 90 033.6 | K0 + 000.00 | | | | | | | |
| 2 | 41 317.6 | 90 464.1 | K0 + 652.72 | 右 35°35′25″ | 800 | 0 | | | | |
| 3 | 40 796.3 | 90 515.9 | K1 + 159.95 | 左 57°32′52″ | 250 | 50 | | | | |
| 4 | 40 441.5 | 91 219.1 | K1 + 923.56 | 左 34°32′06″ | 150 | 40 | | | | |
| ZD | 40 520.2 | 91 796.5 | K2 + 503.27 | | | | | | | |
| | | | | | | | | | | |

**逐桩坐标表** 表2-6

| 桩　号 | 坐标(m) | | 桩　号 | 坐标(m) | |
|---|---|---|---|---|---|
| | *X* | *Y* | | *X* | *Y* |
| K0 +000 | | | K0 +800 | | |
| K0 +050 | | | K0 +850 | | |
| K0 +100 | | | K0 +900 | | |
| K0 +150 | | | K0 +950 | | |
| K0 +200 | | | ZH2 | | |
| K0 +250 | | | HY2 | | |
| K0 +300 | | | QZ2 | | |
| ZY1 | | | YH2 | | |
| QZ1 | | | HZ2 | | |
| YZ1 | | | K1 +300 | | |

(三)任务实施(天府—通平新建二级公路)

1. 根据合同,请在图2-3 ~ 图2-5所示带状地形图中,确定天府—通平新建二级公路基本走向(平面比例1: 2 000,标准A3图幅)。

2. 根据确定的公路中线,以第一个交点(JD1)为例书写曲线要素计算过程。

3. 对你选取的各弯道的圆曲线半径、缓和曲线长度,分析技术经济指标是否均衡协调、是否满足规范要求。

4. 提交成果(天府—通平新建二级公路)。

(1)设计图:路线平面图。

(2)设计表:直线、曲线转角表,逐桩坐标表。

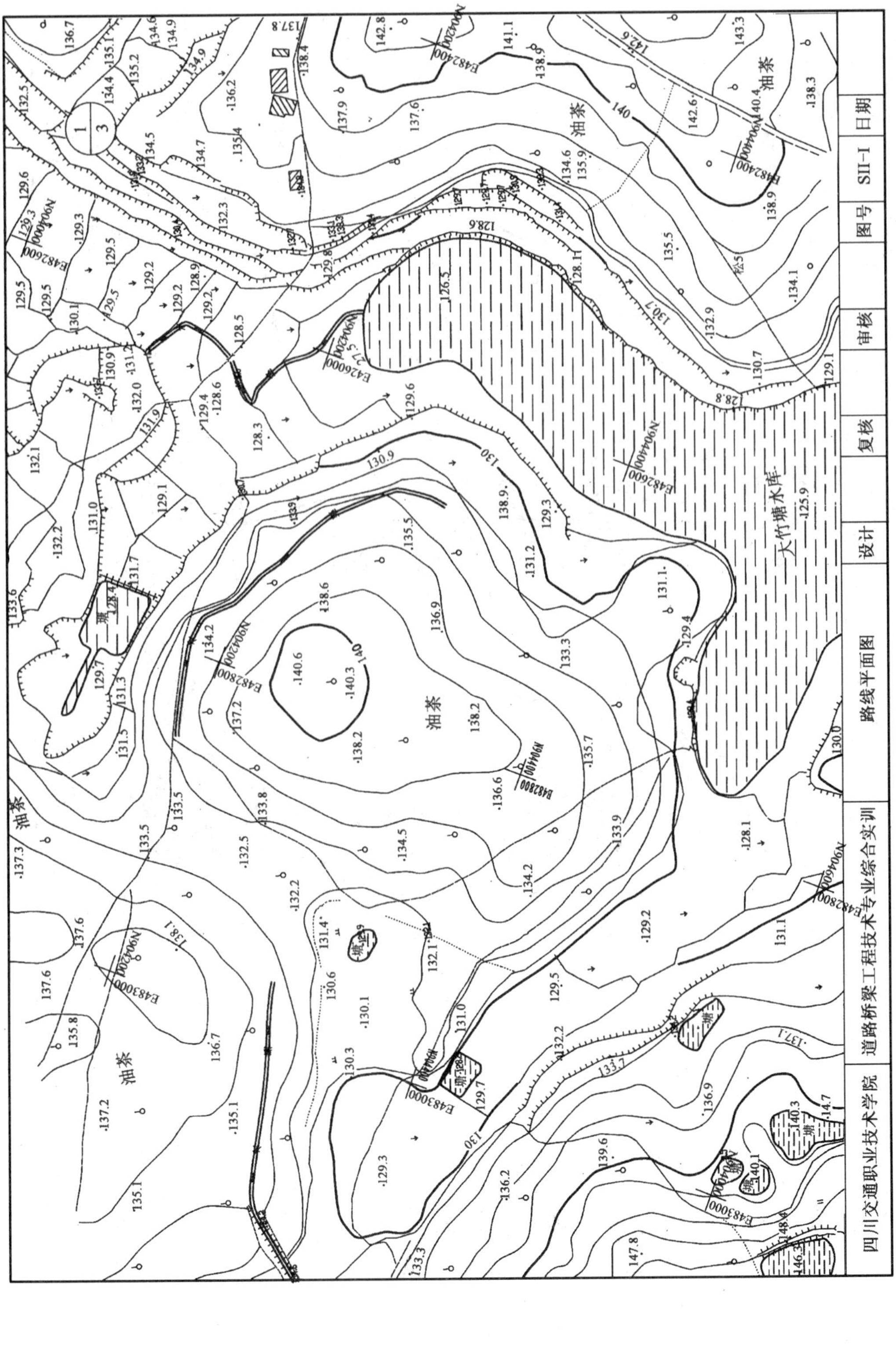
四川交通职业技术学院
道路桥梁工程技术专业综合实训
路线平面图
设计
复核
审核
图号
SII-I
日期
大竹塘水库
油茶

图2-3 地形图一

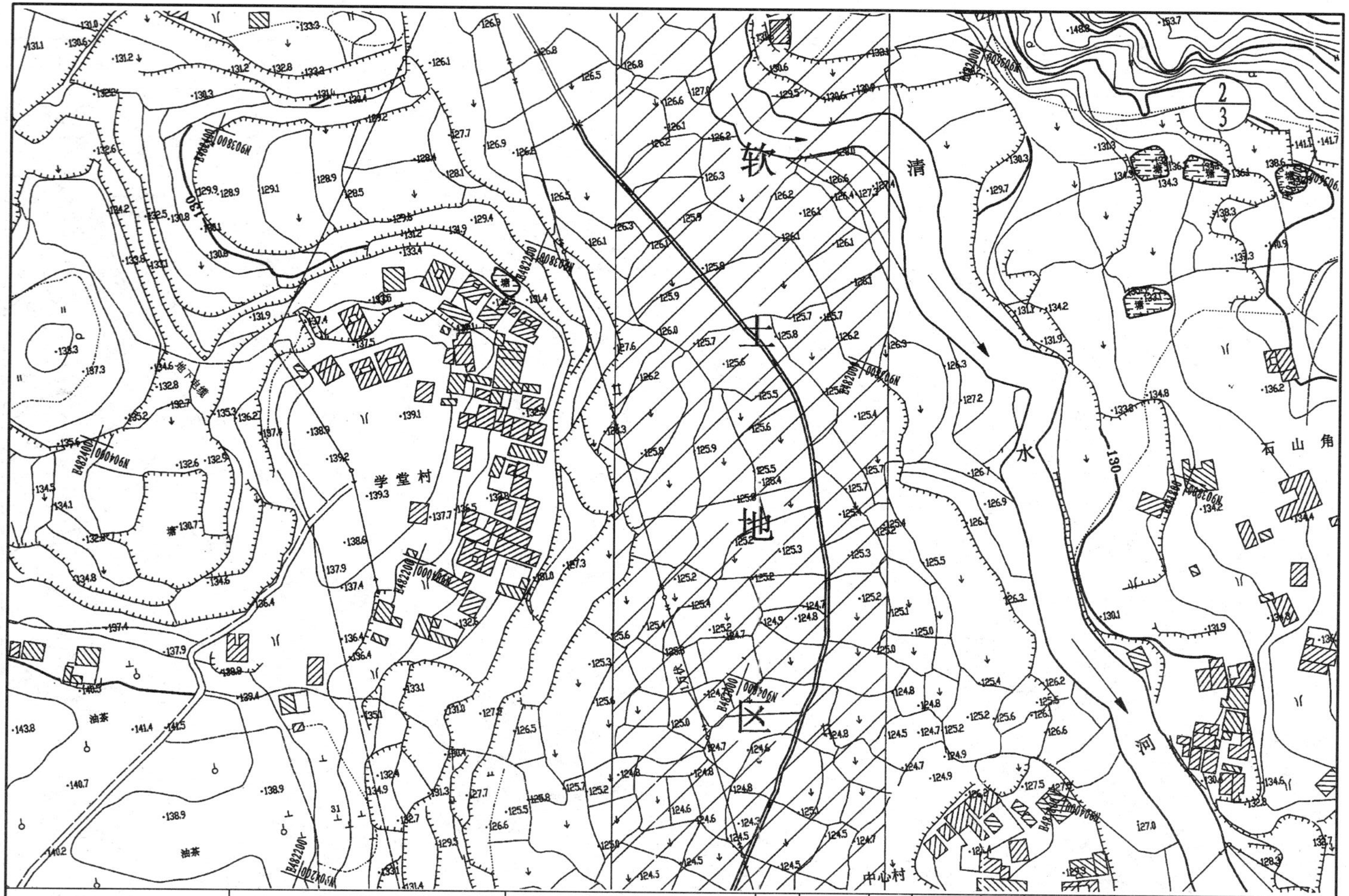


| | | | | | | | | | | |
|---|---|---|---|---|---|---|---|---|---|---|
| 四川交通职业技术学院 | 道路桥梁工程技术专业综合实训 | 路线平面图 | 设计 | | 复核 | | 审核 | | 图号 SII-I | 日期 |

图2-4 地形图二

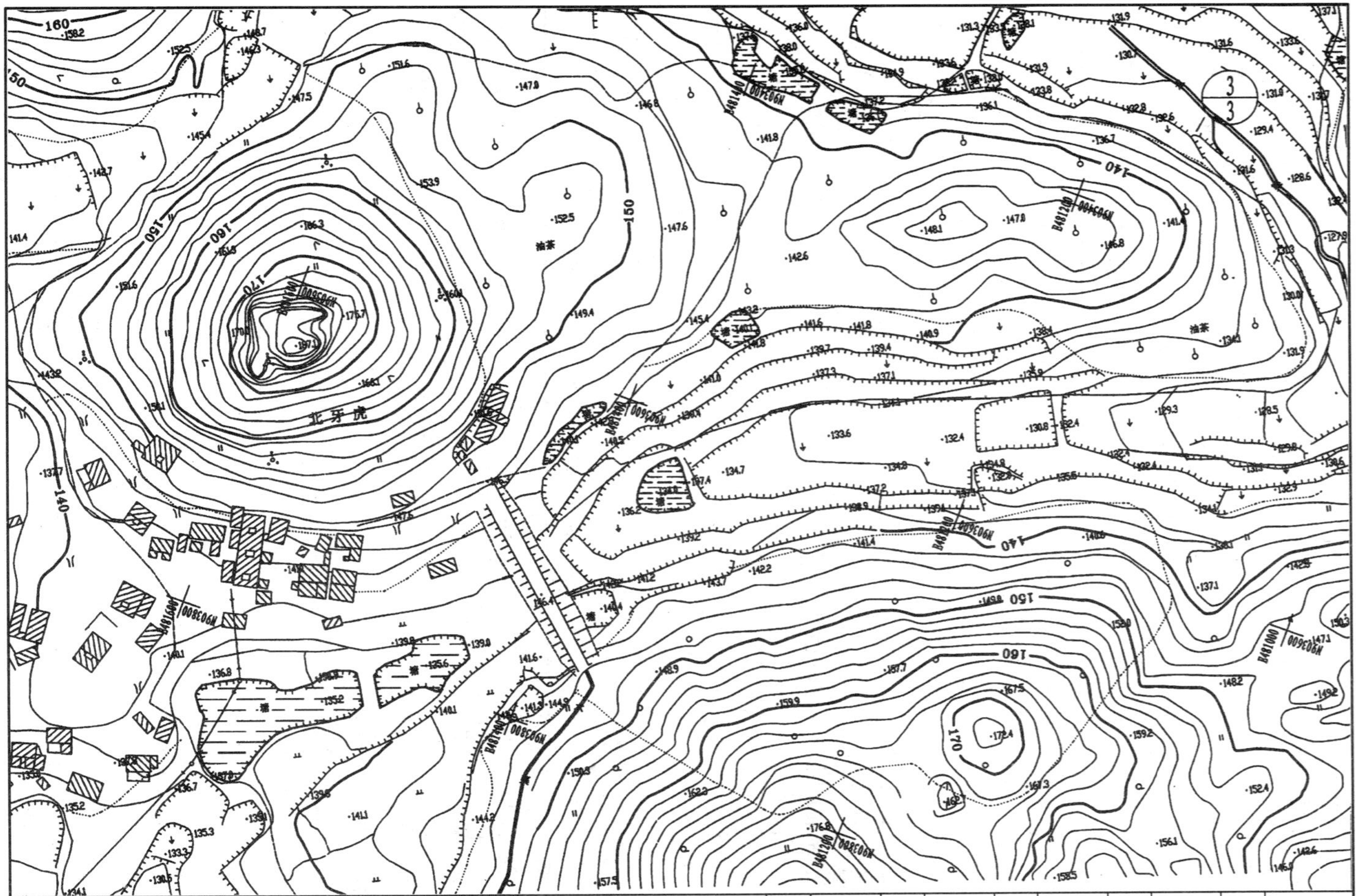


| | | | | | | | | | | |
|---|---|---|---|---|---|---|---|---|---|---|
| 四川交通职业技术学院 | 道路桥梁工程技术专业综合实训 | 路线平面图 | 设计 | | 复核 | | 审核 | | 图号 | SII-I | 日期 | |

图2-5　地形图三

## 五、评价与反馈

1.学生自我评价

此次平面设计是否顺利？________________

若不顺利，请列出遇到的问题：________________

分析出现问题的原因，并提出修正方案：________________

您认为还需加强哪些方面的指导？________________

2.学习工作过程评价表

**任务评分表**

| 考核项目 | 分数 | | | 学生自评 | 小组互评 | 老师评价 | 小计 |
|---|---|---|---|---|---|---|---|
| | 差 | 中 | 好 | | | | |
| 团队合作精神 | 3 | 6 | 10 | | | | |
| 活动参与是否积极 | 3 | 6 | 10 | | | | |
| 指标使用是否符合标准 | 3 | 6 | 10 | | | | |
| 线形指标是否均衡 | 3 | 6 | 10 | | | | |
| 设计效果是否良好 | 6 | 13 | 20 | | | | |
| 计算结果是否正确 | 6 | 13 | 20 | | | | |
| 设计成果是否满足规范要求 | 3 | 6 | 10 | | | | |
| 绘图是否满足制图要求 | 3 | 6 | 10 | | | | |
| 总分 | 100 | | | | | | |
| 教师签字： | | | | 年 月 日 | | 得分 | |

# 学习任务三　天府—通平新建二级公路纵断面设计

## 一、任务描述

纵断面设计是路线设计的重要组成部分，设计时需要根据汽车的动力特性、道路等级、当地的自然地理条件以及工程经济性等，研究纵断面起伏的空间线形几何构成的大小及长度，以便达到行车安全迅速、运输经济合理及乘客感觉舒适的目的。

## 二、学习目标

通过本学习任务的学习，应达到以下要求：

1. 能根据《公路工程技术标准》和相关规范，选取合理的公路纵断面设计值。
2. 能按照正确的步骤和程序进行纵断面设计。
3. 能根据编制办法和相关规范，独立完成纵断面设计图绘制和相关图表文件的编制。

## 三、内容结构

本次学习任务的内容结构如图 3-1 所示。

图 3-1　内容结构图

## 四、任务实施

### (一)学习准备

1. 基本概念

**路线纵断面图：**沿道路中线的竖向剖面图，再行展开即是路线的纵断面。

**地面线：**是根据中线上各桩点的高程而点绘的一条不规则的折线，反映了沿着中线地面的起伏变化情况。

**设计线：**路线上各点路基设计高程的连线。它是经过技术上、经济上以及美学上等多方面比较后定出的一条具有规则形状的几何线，反映了道路路线的起伏变化情况。

**地面高程**:中线上地面点高程。

**设计高程**:路基未设加宽超高前的路肩边缘的高程。

**路基高度**:横断面上设计高程与地面高程之高差。

**最大纵坡**:是指在纵坡设计时各级道路允许使用的最大坡度值。

**最小纵坡**:各级公路在特殊情况下容许使用的最小坡度值。

**平均纵坡**:是指一定长度的路段纵向所克服的高差与路线长度之比。

**合成坡度**:是指由路线纵坡与弯道超高横坡或路拱横坡组合而成的坡度,其方向即流水线方向。

**控制点**:控制点是指影响纵坡设计的高程控制点。

**经济点**:山区道路根据路基填挖平衡关系控制路中心填挖值的高程点。

**试坡**:根据地形起伏情况及高程控制点,初拟纵坡线。

**定坡**:确定变坡点位置及变坡点高程或纵坡度。

2. 知识要点

本次学习任务的知识要点为纵面线设计、平纵面线形组合设计及纵断面设计要点。

**知识要点 1**:纵断面纵面线形设计

纵面线设计的具体要求见《公路路线设计规范》(JTG D20—2006)中的“9.3 纵面线形设计”。

9.3　纵面线形设计

9.3.1　一般规定

(1)纵面线形应平顺、圆滑、视觉连续,并与地形相适应,与周围环境相协调。

(2)纵坡设计应考虑填挖平衡,并利用挖方就近作为填方,以减轻对自然地面横坡与环境的影响。

(3)相邻纵坡之代数差小时,应采用大的竖曲线半径。

(4)连续上坡路段的纵坡设计,除上坡方向应符合平均纵坡、不同纵坡最大坡长规定的技术指标外,还应考虑下坡方向的行驶安全。凡个别技术指标接近或达到最大值的路段,应结合前后路段各技术指标设置情况,采用运行速度对连续上坡方向的通行能力与下坡方向的行车安全进行检验。

(5)路线交叉处前后的纵坡应平缓。

(6)位于积雪或冰冻地区的公路,应避免采用陡坡。

9.3.2　纵坡值的运用

(1)各级公路应避免采用最大纵坡值和不同纵坡最大坡长值,只有在为争取高度利用有利地形,或避开工程艰巨地段等不得已时,方可采用。

(2)纵坡以平、缓为宜,但最小纵坡不宜小于0.3%。采用平坡(0%)或小于0.3%的纵坡路段,应作专门的排水设计。

各级公路最小坡长见表3-1,各级公路最大纵坡值见表3-2,各级公路最大坡长限制值见表3-3。

**各级公路最小坡长**　　表3-1

| 设计行车速度(km/h) | 120 | 100 | 80 | 60 | 40 | 30 | 20 |
|---|---|---|---|---|---|---|---|
| 最小坡长(m) | 300 | 250 | 200 | 150 | 120 | 100 | 60 |

**各级公路最大纵坡值** 表 3-2

| 设计行车速度(km/h) | 120 | 100 | 80 | 60 | 40 | 30 | 20 |
| --- | --- | --- | --- | --- | --- | --- | --- |
| 最大纵坡(%) | 3 | 4 | 5 | 6 | 7 | 8 | 9 |

**各级公路最大坡长限制值表(m)** 表 3-3

| 设计速度(km/h)<br>纵坡坡度(%) | 120 | 100 | 80 | 60 | 40 | 30 | 20 |
| --- | --- | --- | --- | --- | --- | --- | --- |
| 3 | 900 | 1 000 | 1 100 | 1 200 | — | — | — |
| 4 | 700 | 800 | 900 | 1 000 | 1 100 | 1 100 | 1 200 |
| 5 | — | 600 | 700 | 800 | 900 | 900 | 1 000 |
| 6 | — | — | 500 | 600 | 700 | 700 | 800 |
| 7 | — | — | — | — | 500 | 500 | 600 |
| 8 | — | — | — | — | 300 | 300 | 400 |
| 9 | — | — | — | — | — | 200 | 300 |
| 10 | — | — | — | — | — | — | 200 |

9.3.3 纵坡设计的要求

(1)平原地形的纵坡应均匀、平缓。

(2)丘陵地形的纵坡应避免过分迁就地形而起伏过大。

(3)越岭线的纵坡应力求均匀,不应采用最大值或接近最大值的坡度,更不宜连续采用不同纵坡最大坡长值的陡坡夹短距离缓坡的纵坡线形。

(4)山脊线和山腰线,除结合地形不得已时采用较大的纵坡外,在可能条件下应采用平缓的纵坡。

9.3.4 竖曲线设计的要求

(1)设计速度大于或等于60km/h的公路,竖曲线设计宜采用长的竖曲线和长直线坡段的组合。有条件时宜采用大于或等于表3-4所列视觉所需要的竖曲线半径度值。

**公路竖曲线最小半径和竖曲线最小长度** 表 3-4

| 设计速度(km/h) | | 120 | 100 | 80 | 60 | 40 | 30 | 20 |
| --- | --- | --- | --- | --- | --- | --- | --- | --- |
| 凸形竖曲线半径(m) | 极限最小值 | 11 000 | 6 500 | 3 000 | 1 400 | 450 | 250 | 100 |
| | 一般最小值 | 17 000 | 10 000 | 4 500 | 2 000 | 700 | 400 | 200 |
| 凹形竖曲线半径(m) | 极限最小值 | 4 000 | 3 000 | 2 000 | 1 000 | 450 | 250 | 100 |
| | 一般最小值 | 6 000 | 4 500 | 3 000 | 1 500 | 700 | 400 | 200 |
| 竖曲线最小长度(m) | | 100 | 85 | 70 | 50 | 35 | 25 | 20 |

(2)竖曲线应选用较大的半径。当条件受限制时,宜采用大于或接近于竖曲线最小半径的"一般值";地形条件特殊困难而不得已时,方可采用竖曲线最小半径的"极限值"。

(3)同向竖曲线间,特别是同向凹形竖曲线之间,如直线坡段接近或达到最小坡长时,宜合并设置为单曲线或复曲线。

**知识要点2:平、纵面线形组合设计**

(1)平、纵面线形组合设计原则

线形组合设计原则见《公路路线设计规范》(JTG D20—2006)中的"9.5.2~9.5.4"。

9.5.2　线形组合设计原则

(1)平、纵线形组合设计原则为相互对应。当平、竖曲线半径均较小时,其相互对应程度应较严格;随着平、竖曲线半径的同时增大,其对应程度可适当放宽;当平、竖曲线半径均大时,可不严格相互对应。

(2)长直线不宜与坡陡或半径小且长度短的竖曲线组合。

(3)长的平曲线内不宜包含多个短的竖曲线;短的平曲线不宜与短的竖曲线组合。

(4)半径小的圆曲线起、讫点,不宜接近或设在凸形竖曲线的顶部或凹形竖曲线的底部。

(5)长的竖曲线内不宜设置半径小的平曲线。

(6)凸形竖曲线的顶部或凹形竖曲线的底部,不宜同反向平曲线的拐点重合。

(7)复曲线、S 形曲线中的左转圆曲线不设超高时,应采用运行速度对其安全性予以验算。

9.5.3　设计速度大于或等于 60km/h 的公路,应注重路线平、纵线形组合设计。设计速度等于或小于 40km/h 的公路,可参照执行。

9.5.4　六车道及其以上的高速公路,应重视直、曲线(含平、纵面)间的组合与搭配,应在曲线间设置足够长的回旋线或直线,使其衔接过渡顺适,路面排水良好。

(2)平曲线与竖曲线组合

①平曲线与竖曲线相互重合,使平曲线稍长于竖曲线,并将竖曲线的起、终点分别放在平曲线的两个缓和曲线的中间,这是平、纵面最好的组合。如果做不到平曲线与竖曲线较好的组合,而两者的半径均较小时(一般指平曲线半径小于一般最小半径值),宁可把平曲线与竖曲线错开相当距离,使竖曲线位于平面的直线上,但如果平曲线与竖曲线半径都很大,则平、竖曲线的位置可不受上述限制。

②平面曲线与竖曲线的大小应保持均衡。如果其中一方大而平缓时,则另一方也要与之相适应,不能变化过多。一个平曲线内含有两个以上的竖曲线或与此相反的情况,总给人一种不舒服的感觉。

③平曲线与竖曲线重合时,如果平曲线不大于 1 000m,当竖曲线半径为平曲线半径的 10 ~ 20 倍时,可在视觉上获得满意的效果。

④在下列情况下,平曲线与竖曲线应避免组合:

a. 计算车速大于或等于 40km/h 的公路,凸形竖曲线的顶部和凹形竖曲线的底部,应避免插入小半径平曲线;凸形竖曲线的顶部,不得与反向平曲线的拐点重合。

如果在凸形竖曲线的顶部设有小半径的平曲线,驾驶员须驶近坡顶才能发现平曲线,会导致制动并急转方向盘而易发行车危险;在凹形竖曲线的底部设有小半径平曲线,会因汽车高速下坡时急转弯,同样可能发生行车危险。

凸形竖曲线的顶部,不得与反向平曲线的拐点重合。这主要是因为这样的组合除存在上述所列情况外,还因组合后的扭曲使线形很不美观。

b. 小半径竖曲线不宜与缓和曲线相互重叠。

**知识要点 3:**纵断面设计要点

纵断面设计首先涉及的内容是纵断面线形布置,它包括不同地形条件下的设计高程控制,各坡段的纵坡设计和转坡点位置确定等。

(1)各种地形条件下的高程控制

(2)各种地形条件下的纵坡设计

对不同地形的纵坡设计,要在初步拟定设计高程控制的基础上以求纵坡设计合理。

①平原、微丘地形的纵坡应均匀、平缓，并注意保证路基最小填土高度和最小排水纵坡的要求；丘陵地形的纵坡应避免过分迁就地形而使路线起伏过大。

②山岭、重丘地形的沿河线，应尽量采用平缓的纵坡，坡长不宜过短，纵坡度不宜过大；高等级的公路更应注意不宜采用陡坡。

③越岭线的纵坡应力求均匀，尽量不采用极限或接近极限的坡度，更不宜连续采用极限长度的陡坡之间夹短距离缓和坡段的纵坡线形。越岭线不应设置反坡，以免浪费高程。

④山脊线和山腰线，除结合地形不得已时采用较大的纵坡外，在一般情况下应采用平缓的纵坡。

(3)转坡点位置的确定

转坡点是两条相邻设计纵坡线的交点，两转坡点之间的水平距离称为坡长。转坡点位置的确定，直接影响到纵坡度的大小、坡长、平纵面组合、土石方填挖平衡和公路的使用质量。因此，在确定转坡点位置时，要尽量使填挖工程量最小和线形最理想外，还应使最大纵坡、最小纵坡、坡长限制、缓和坡段满足有关规定的要求，同时还要处理好平、纵面线形的相互配合和协调。此外，为方便设计和计算，转坡点的位置一般应设在10m的整数桩号处。

3.示例

现以某工程路段为例，介绍公路纵断面设计的相关内容。

(1)示例3-1：路线纵断面图(图3-2)

(2)示例3-2：路基设计表(表3-5)

(3)示例3-3：纵坡、竖曲线表(表3-6)

4.引导问题

**引导问题1：**

对于示例3-1(图3-2)，纵断面图主要由上部结构和下部结构所构成。

(1)图中纵坐标表示__________，其比例尺为__________；横坐标表示__________，其比例尺为__________。

(2)上部结构由设计线和地面线构成，图中折线表示______________________________，它是根据________________________绘制而成；图中粗实线表示________________________，它是________________________，由______________________线和______________________线组成。

(3)下部结构分为地质概况、填挖高度、设计高程、地面高程、坡度坡长、里程桩号、直线及平曲线7个部分。

①图中的地质情况为________________________________________。

②设计线中的直坡段由__________和__________控制；坡长是________________________________________，坡度是________________________________________。

③由图可知K3+540.00断面的地面高程为__________，设计高程为__________，路基高度为__________；K3+680.00断面的地面高程为__________，设计高程为__________，路基高度为__________。

④设计高程计算：图示中K3+650.00处为________________形竖曲线，转坡角$\omega=$________________________________(请注明计算过程)，其半径为______，曲线长______，切线长______，外距______。

示例 3-1

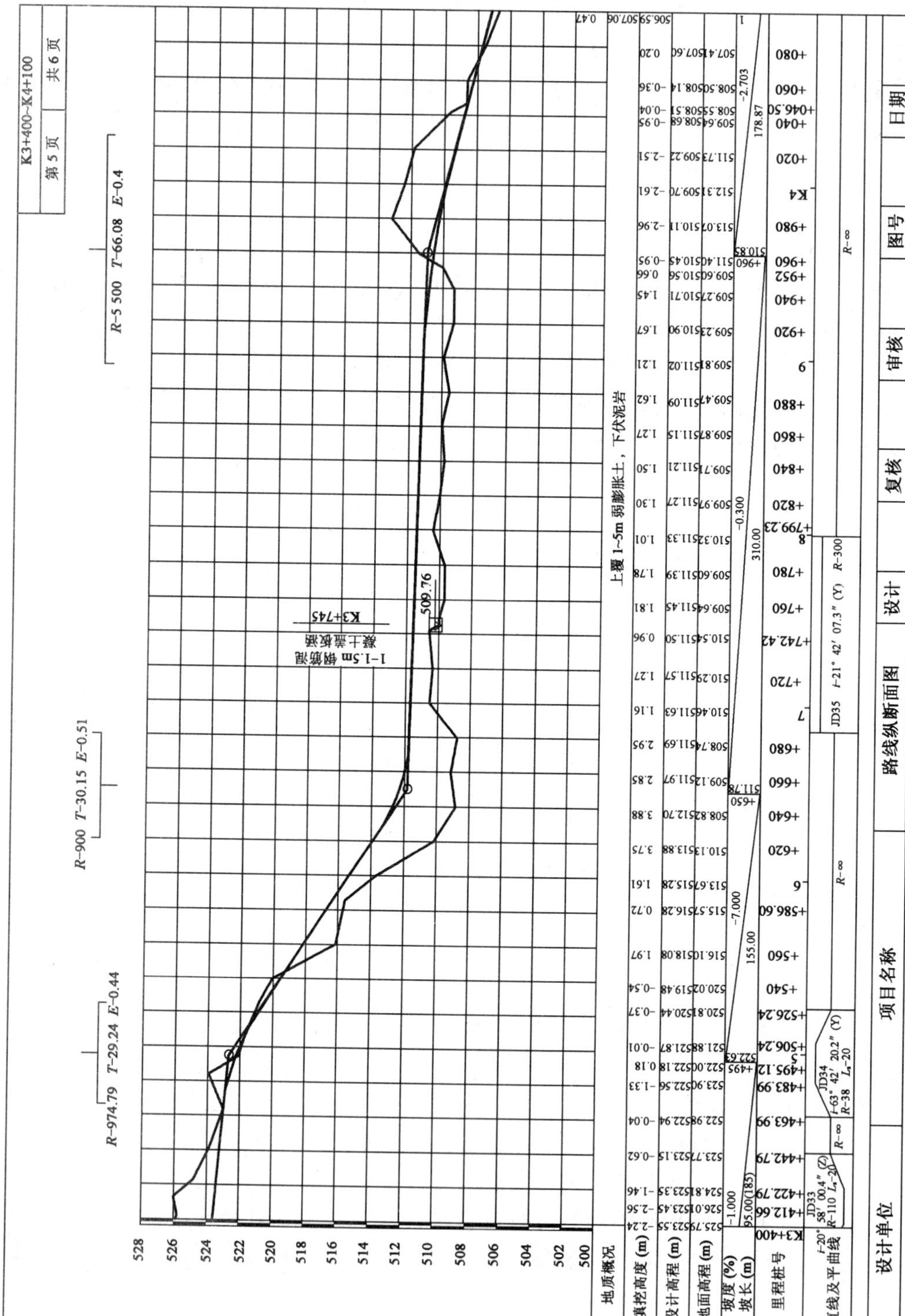


图 3-2 某路段路线纵断面图

示例 3-2

# 路 基 设 计 表

表 3-5

S3-2　　第 8 页　　共 9 页

| 桩号 | 平曲线 |  | 竖曲线 |  | 地面高程(m) | 设计高程(m) | 填挖高度(m) |  | 路基宽度(m) |  |  |  | 以下各点与设计高之差(m) |  |  |  |  | 施工时中桩填挖高度(m) |  | 备注 |
|---|---|---|---|---|---|---|---|---|---|---|---|---|---|---|---|---|---|---|---|---|
|  |  |  |  |  |  |  |  |  | 左侧 |  | 右侧 |  | 左侧 |  | 中桩 | 右侧 |  |  |  |  |
|  | 左偏 | 右偏 | 凹形 | 凸形 |  |  | 填 | 挖 | W1 | W2 | W2 | W1 | B1 | B2 | C | B2 | B1 | 填 | 挖 |  |
| K3+360 |  |  |  |  | 523.193 | 523.975 | 0.782 |  |  | 3.25 | 3.25 |  |  | −0.049 | 0.000 | −0.049 |  | 0.782 |  |  |
| +382.53 | K3+382.53 (ZH) |  | −1% | 185 | 526.099 | 523.750 |  | 2.349 |  | 3.25 | 3.25 |  |  | −0.049 | 0.000 | −0.049 |  |  | 2.349 |  |
| +402.53 | K3+402.53 (HY) |  |  |  | 525.791 | 523.550 |  | 2.241 |  | 4.05 | 3.25 |  |  | −0.081 | 0.000 | 0.065 |  |  | 2.241 |  |
| +412.66 | JD33 |  |  |  | 526.012 | 523.448 |  | 2.564 |  | 4.05 | 3.25 |  |  | −0.081 | 0.000 | 0.065 |  |  | 2.564 |  |
| +422.79 | K3+422.79 (YH) |  |  |  | 524.807 | 523.347 |  | 1.460 |  | 4.05 | 3.25 |  |  | −0.081 | 0.000 | 0.065 |  |  | 1.460 |  |
| +442.79 | K3+442.79 (HZ) |  |  |  | 523.766 | 523.147 |  | 0.619 |  | 3.25 | 3.25 |  |  | −0.049 | 0.000 | −0.049 |  |  | 0.619 |  |
| +463.99 |  | K3+463.99 (ZH) |  |  | 522.980 | 522.935 |  | 0.045 |  | 3.25 | 3.25 |  |  | −0.049 | 0.000 | −0.049 |  |  | 0.045 |  |
| +483.99 |  | K3+483.99 (HY) | 522.625 | QD K3+465.76 | 523.897 | 522.565 |  | 1.332 |  | 3.25 | 4.65 |  |  | 0.163 | 0.000 | −0.233 |  |  | 1.332 |  |
| +495.12 |  | JD34 | K3+495 | R-974.79 T-29.24 E-0.44 | 522.001 | 522.182 | 0.181 |  |  | 3.25 | 4.65 |  |  | 0.163 | 0.000 | −0.233 |  | 0.181 |  |  |
| +506.24 |  | K3+506.24 (YH) |  | ZD | 521.684 | 521.672 |  | 0.012 |  | 3.25 | 4.65 |  |  | 0.163 | 0.000 | −0.233 |  |  | 0.012 |  |
| +526.24 |  | K3+526.24 (HZ) |  | +524.24 | 520.611 | 520.438 |  | 0.373 |  | 3.25 | 3.25 |  |  | −0.049 | 0.000 | −0.049 |  |  | 0.373 |  |
| +540 |  |  |  |  | 520.015 | 519.475 |  | 0.540 |  | 3.25 | 3.25 |  |  | −0.049 | 0.000 | −0.049 |  |  | 0.540 |  |
| +560 |  |  |  |  | 516.102 | 518.075 | 1.973 |  |  | 3.25 | 3.25 |  |  | −0.049 | 0.000 | −0.049 |  | 1.973 |  |  |
| +585.60 |  |  | −7% | 155 | 515.566 | 516.283 | 0.717 |  |  | 3.25 | 3.25 |  |  | −0.049 | 0.000 | −0.049 |  | 0.717 |  |  |
| +600 |  |  | QD |  | 513.666 | 515.275 | 1.609 |  |  | 3.25 | 3.25 |  |  | −0.049 | 0.000 | −0.049 |  | 1.609 |  |  |
| +620 |  |  | K3+619.85 |  | 510.126 | 513.875 | 3.749 |  |  | 3.25 | 3.25 |  |  | −0.049 | 0.000 | −0.049 |  | 3.749 |  |  |
| +640 |  |  | R-900 T-30.15 E-0.51 | 511.775 | 508.816 | 512.701 | 3.885 |  |  | 3.25 | 3.25 |  |  | −0.049 | 0.000 | −0.049 |  | 3.885 |  |  |
| +660 |  | K3+685.60 (ZY) |  | K3+650 | 509.121 | 511.971 | 2.850 |  |  | 3.25 | 3.25 |  |  | −0.049 | 0.000 | −0.049 |  | 2.850 |  |  |
| +680 |  |  | ZD |  | 508.740 | 511.685 | 2.945 |  |  | 3.25 | 3.25 |  |  | −0.049 | 0.000 | −0.049 |  | 2.945 |  |  |
| +700 |  |  | +680.15 |  | 510.461 | 511.625 | 1.164 |  |  | 3.25 | 3.25 |  |  | −0.049 | 0.000 | −0.049 |  | 1.164 |  |  |
| +720 |  | JD35 |  |  | 510.292 | 511.565 | 1.273 |  |  | 3.25 | 3.25 |  |  | −0.049 | 0.000 | −0.049 |  | 1.273 |  |  |
| +742.42 |  |  |  |  | 510.536 | 511.498 | 0.962 |  |  | 3.25 | 3.25 |  |  | −0.049 | 0.000 | −0.049 |  | 0.962 |  |  |
| +746 |  |  |  |  | 510.004 | 511.490 | 1.486 |  |  | 3.25 | 3.25 |  |  | −0.049 | 0.000 | −0.049 |  | 1.486 |  |  |
| +760 |  |  |  |  | 509.636 | 511.445 | 1.809 |  |  | 3.25 | 3.25 |  |  | −0.049 | 0.000 | −0.049 |  | 1.809 |  |  |
| +780 |  |  |  |  | 509.601 | 511.385 | 1.784 |  |  | 3.25 | 3.25 |  |  | −0.049 | 0.000 | −0.049 |  | 1.784 |  |  |
| +799.23 |  | K3+799.23 (YZ) | −0.3% | 310 | 510.317 | 511.327 | 1.010 |  |  | 3.25 | 3.25 |  |  | −0.049 | 0.000 | −0.049 |  | 1.010 |  |  |
| +820 |  |  |  |  | 509.965 | 511.265 | 1.300 |  |  | 3.25 | 3.25 |  |  | −0.049 | 0.000 | −0.049 |  | 1.300 |  |  |
| +840 |  |  |  |  | 509.706 | 511.205 | 1.499 |  |  | 3.25 | 3.25 |  |  | −0.049 | 0.000 | −0.049 |  | 1.499 |  |  |
| +860 |  |  |  |  | 509.872 | 511.145 | 1.273 |  |  | 3.25 | 3.25 |  |  | −0.049 | 0.000 | −0.049 |  | 1.273 |  |  |

编制：　　　　复核：　　　　审核

示例 3-3

## 纵 坡、竖 曲 线 表

表 3-6

工程名称：　　　　第 2 页　　共 2 页

| 序号 | 桩　号 | 竖曲线 | | | | | | | 纵坡（%） | | 变坡点间距 | 直坡段长 | 备注 |
|---|---|---|---|---|---|---|---|---|---|---|---|---|---|
| | | 高程(m) | 凸曲线半径 $R$(m) | 凹曲线半径 $R$(m) | 切线长 $T$(m) | 外距 $E$(m) | 起点桩号 | 终点桩号 | + | − | (m) | (m) | |
| 0 | K3+310 | 524.475 | | 950 | 28.50 | 0.43 | K3+281.50 | K3+338.50 | | | | | |
| 1 | K3+495 | 522.625 | 974.792 4 | | 29.24 | 0.44 | K3+465.76 | K3+524.24 | −1.000 | 185.00 | 127.26 | −1.000 | |
| 2 | K3+650 | 511.775 | | 900 | 30.15 | 0.51 | K3+619.85 | K3+680.15 | −7.000 | 155.00 | 95.61 | −7.000 | |
| 3 | K3+960 | 510.845 | 5 500 | | 66.08 | 0.40 | K3+893.92 | K4+026.08 | −0.300 | 310.00 | 213.77 | −0.300 | |
| 4 | K4+138.87 | 506.01 | | | | | | | −2.703 | 178.87 | 112.79 | −2.703 | |
| 5 | | | | | | | | | | | | | |
| 6 | | | | | | | | | | | | | |
| 7 | | | | | | | | | | | | | |
| 8 | | | | | | | | | | | | | |
| 9 | | | | | | | | | | | | | |
| 10 | | | | | | | | | | | | | |

编制：　　　　复核：　　　　审核：

**引导问题 2：**

（1）根据示例 3-1（图 3-2），请填写表 3-7。

拉坡原始记录表

表 3-7

| 序　号 | 变坡点桩号 | 设计高程（m） | 纵坡（%） | | 坡长（m） | 直坡段长（m） | 备　注 |
|---|---|---|---|---|---|---|---|
| | | | + | - | | | |
| 0 | | | | | | | |
| 1 | | | | | | | |
| 2 | | | | | | | |
| 3 | | | | | | | |
| 4 | | | | | | | |
| 5 | | | | | | | |
| 6 | | | | | | | |
| 7 | | | | | | | |

（2）如果桩号为 K3 +495 的变坡点位置改为 K3 +510，是否合理？说明原因。

（3）如果桩号为 K3 +650 的变坡点位置改为 K3 +740，在竖曲线设计时，应注意什么问题？竖曲线半径设置的范围是多少？

**引导问题3:**

根据示例3-2路基设计表(表3-5)中各项内容填写。

1～9列:从____________________上转抄。

10～13列:路基宽度是__________,桩号K3+483.99的加宽值是__________。

14～18列:该列中的设计高差"-0.049"是如何计算得出________________,桩号K3+483.99的超高值是__________。

19～20列:施工时,桩号K3+483.99的挖方高度"1.332"是如何计算得出____________。

**引导问题4:**

根据示例3-3纵坡、竖曲线表(表3-6)中各项内容填写。

2列:桩号:不仅填写设计线起、终点桩号,还应填写________________。

3～9列:从________________上转抄。

12～13列:是水平桩号之差还是倾斜距离________________。

## (二)拓展训练

已知某三级公路,设计速度$V=40km/h$,各控制点桩号及地面高程见表3-8。

请根据提供的信息,完成下列内容。

**桩号及高程** 表3-8

| 桩号 | 地面高程 | 桩号 | 地面高程 |
| --- | --- | --- | --- |
| K0+000 | 512.00 | K0+300 | 520.00 |
| K0+050 | 513.00 | K0+350 | 515.00 |
| K0+100 | 515.53 | K0+401.35 | 519.27 |
| K0+110.53(ZH)(左转) | 516.38 | K0+450 | 518.00 |
| K0+150.53(HY) | 518.00 | K0+505.38(ZY)(右转) | 516.53 |
| K0+200 | 520.54 | K0+550 | 513.47 |
| K0+220.43(YH) | 522.38 | K0+600 | 512.83 |
| K0+250 | 521.37 | K0+650.31(YZ) | 516.27 |
| K0+260.43(HZ) | 521.00 | K0+700 | 512.00 |

1. 绘制纵断面图框(用标准A3米格纸绘制)。

> **提示:**
>
> 纵断面设计的精度要求:
>
> 1. 变坡点桩号:一般要调整到10m的整桩号上。
> 2. 坡度值:精确到小数点后两位,即0.00%。
> 3. 变坡点高程:精确到小数点后三位,即0.000。
> 4. 中桩高程:精确到小数点后两位,即0.00。

2. 根据资料提供的技术经济指标，在表3-9中列出该段公路纵断面设计的控制指标及需要满足的标准和规范。

纵断面设计控制指标　　表3-9

| 道路等级 | 设计速度（km/h） | 最大纵坡（%） | 最小纵坡（%） | 最小坡长限制（m） | 最大坡长限制（m） | 最大容许合成坡度（°） |
| --- | --- | --- | --- | --- | --- | --- |
| | | | | | | |

| 凸形竖曲线半径（m） | | 凹形竖曲线半径（m） | | 竖曲线长度（m） | |
| --- | --- | --- | --- | --- | --- |
| 一般值 | 极限值 | 一般值 | 极限值 | 一般值 | 极限值 |
| | | | | | |

3. 完成纵断面设计图中的“地质概况”一栏的内容。

4. 完成纵断面设计图中的“直线与平曲线”一栏的内容。

5. 根据平面设计成果，在纵断面设计图上将各桩的里程及地面高程填写在表中对应的位置，绘出地面线。

6. 根据资料在纵断面设计图中标注构造物位置。

7. 纵坡设计。

（1）请说明你在设计纵坡时考虑了哪些因素？

（2）确定纵坡的变坡点的高程，计算各坡段的坡长和坡度，将计算结果填入表中对应的位置（以某一坡度为例，写明计算过程）。

（3）确定合适的竖曲线半径，计算竖曲线几何要素，并绘于纵断面设计图中（分别选取一个凸形竖曲线和一个凹形竖曲线，写明竖曲线要素计算过程）。

(4)计算各桩号处的设计高程,将计算结果填写在米格图纸中相应的位置(分别列出直线段、凸形竖曲线和凹形竖曲线某桩号的高程计算过程)。

(5)计算各桩号的填挖高度,将计算结果填写在米格图纸中相应的位置(至少将10个桩号填挖高度的计算过程写在下方)。

## （三）任务实施（天府—通平新建二级公路）

1. 根据你所做的平面设计成果，读取公路中线地面高程，填写表3-10。

**纵断面地面高程资料表**

表3-10

| 桩号 | 地面高程 | 桩号 | 地面高程 | 桩号 | 地面高程 |
|---|---|---|---|---|---|
| | | | | | |
| | | | | | |
| | | | | | |
| | | | | | |
| | | | | | |
| | | | | | |
| | | | | | |
| | | | | | |
| | | | | | |
| | | | | | |
| | | | | | |
| | | | | | |
| | | | | | |
| | | | | | |
| | | | | | |
| | | | | | |
| | | | | | |
| | | | | | |
| | | | | | |
| | | | | | |
| | | | | | |
| | | | | | |
| | | | | | |
| | | | | | |
| | | | | | |
| | | | | | |
| | | | | | |
| | | | | | |
| | | | | | |
| | | | | | |
| | | | | | |
| | | | | | |
| | | | | | |
| | | | | | |

记录：　　　　　　　　　　　　　　　　　　　　　　　　复核：

2. 根据表3-10，在米格纸上绘制纵断面地面线，进行拉坡、竖曲线设计，并计算各桩号设计高程，提交相关原始记录表（表3-11）。

**拉坡原始记录表**

表3-11

| 序号 | 变坡点桩号 | 设计高程(m) | 纵坡(%) | | 坡长(m) | 直坡段长(m) | 备注 |
|---|---|---|---|---|---|---|---|
| | | | + | - | | | |
| 0 | | | | | | | |
| 1 | | | | | | | |
| 2 | | | | | | | |
| 3 | | | | | | | |
| 4 | | | | | | | |
| 5 | | | | | | | |
| 6 | | | | | | | |
| 7 | | | | | | | |
| 8 | | | | | | | |

竖曲线要素计算过程：

3. 根据你的纵断面设计，请分析技术指标是否满足规范要求；平、纵组合是否合理，如果不合理，请提出改正方案。

4. 提交成果（天府—通平新建二级公路）。

（1）设计图：路线纵断面设计图。

（2）设计表：路基设计表；纵坡、竖曲线表。

## 五、评价与反馈

1. 学生自我评价

此次纵断面设计是否顺利？________________________________

若不顺利，请列出遇到的问题：________________________________

______________________________________________________________

______________________________________________________________

______________________________________________________________

______________________________________________________________

分析出现问题的原因，并提出修正方案：________________________

______________________________________________________________

______________________________________________________________

______________________________________________________________

______________________________________________________________

______________________________________________________________

您认为还需加强哪些方面的指导？__________________________

______________________________________________________________

______________________________________________________________

______________________________________________________________

2. 学习工作过程评价表

任务评分表

| 考核项目 | 分数 | | | 学生自评 | 小组互评 | 教师评价 | 小计 |
|---|---|---|---|---|---|---|---|
| | 差 | 中 | 好 | | | | |
| 团队合作精神 | 3 | 6 | 10 | | | | |
| 活动参与是否积极 | 3 | 6 | 10 | | | | |
| 技术指标是否满足规范要求 | 6 | 13 | 20 | | | | |
| 平纵组合是否合理 | 6 | 13 | 20 | | | | |
| 各项计算是否正确 | 6 | 13 | 20 | | | | |
| 绘图是否满足制图要求 | 6 | 13 | 20 | | | | |
| 总分 | 100 | | | | | | |
| 教师签字： | | | | 年 月 日 | | 得分 | |

# 学习任务四　天府—通平新建二级公路横断面设计

## 一、任务描述

横断面设计是路线设计的重要组成部分，设计时应结合平面和纵断面综合考虑，达到各要素之间的协调一致，做到组成合理、用地节省、工程经济和有利于环境保护。根据公路平、纵设计成果确定该立体线形的横断面形式，各组成部分的位置和尺寸以及路基土石方的计算和调配。

## 二、学习目标

通过本学习任务的学习，应达到以下要求：

(1)会描述横断面的组成及各组成部分的功能。

(2)掌握典型路基横断面、标准横断面设计特点和设计要求。

(3)会描述横断面设计方法及步骤。

(4)能根据地质土质和超高加宽的要求，进行公路常用路基横断面的设计。

(5)能根据横断面设计图进行路基土石方数量计算与调配，提交横断面设计成果。

## 三、内容结构

本次学习任务的内容结构如图 4-1 所示。

图 4-1　内容结构图

## 四、任务实施

### (一)学习准备

1. 基本概念

**横断面**：指道路中线上各点垂直于路线前进方向的竖向剖面。

**路基宽度**:指行车道与路肩宽度之和。

**路面宽度**:包括行车道、路缘带、变速车道、爬坡车道、紧急停车带、硬路肩等的宽度。

**路幅**:是指公路路基顶面两路肩外侧边缘之间的部分。

**行车道**:是道路上供各种车辆行驶部分的总称。

**加宽缓和段**:路面由直线上的正常宽度过渡到曲线上加宽后的宽度的渐变段。

**硬路肩**:是指进行了铺装的路肩,它可以承受汽车荷载的作用力,在混合交通的公路上便于非机动车、行人通行。

**土路肩**:是指不加铺装的土质路肩,它起保护路面和路基的作用,并提供侧向余宽。

**中间带的宽度**:是根据行车带以外的侧向余宽,防止驶入对向行车带的护栏、种植、防眩网。

**路堤**:高于原地面的填方路基。

**路堑**:低于原地面的挖方路基。

**超高**:是指路面做成向内侧倾斜的单向横坡的断面形式。

**超高缓和段**:路面由直线段的双向横坡断面过渡到圆曲线段全超高的单向横坡断面的渐变段。

**路基填挖的断面积**:是指断面图中原地面线与路基设计线所包围的面积,高于地面线者为填,低于地面线者为挖。

**经济运距**:填方用土来源,一是路上纵向调运,二是就近路外借土。

**平均运距**:土方调配的运距,是指从挖方体积的重心到填方体积的重心之间的距离。

2. 知识要点

本次学习任务的知识要点为横继面设计要求及路基横断面的典型形式。

**知识要点1**:横断面设计要求

横断面设计的具体要求见《公路路线设计规范》(JTG D20—2006)中的“9.4 横断面设计”。

9.4 横断面设计

9.4.1 公路横断面设计应最大限度地降低路堤高度,减小对沿线生态的影响,保护环境,使公路融入自然。条件受限制不得已而出现高填、深挖时,应同架桥、建隧、分离式路基等方案进行论证比选。

9.4.2 路基断面布设应结合沿线地面横坡、自然条件、工程地质条件等进行设计。自然横坡较缓时,以整体式路基断面为宜。横坡较陡、工程地质复杂时,高速公路宜采用分离式路基断面。

9.4.3 整体式路基的中间带宽度宜保持等值。当中间带的宽度增宽或减窄时,应设置过渡段。过渡段以设在回旋线范围内为宜,长度应与回旋线长度相等。条件受限制时,过渡段的渐变率不应大于1/100。

9.4.4 整体式路基分为分离式路基或分离式路基汇合为整体式路基时,其中间带的宽度增宽或减窄时,应设置过渡段。其过渡段以设置在圆曲线半径较大的路段为宜。

9.4.5 公路横断面设计应注重路侧安全和运用宽容设计理念,作好中间带、加(减)速车道、路肩以及渠化、左(右)转弯车道、交通岛等各组成部分的细节设计,清除有碍行车安全的障碍物,提供足够宽的无阻碍的路侧安全区。

9.4.6 中间带的设计

(1)中央分隔带形式:中央分隔带宽度大于或等于3.0m时宜用凹形;中央分隔带宽度小于3.0m时可采用凸形。

(2)中央分隔带缘石:中央分隔带宽度大于或等于3.0m时宜采用平齐式;中央分隔带宽度小于3.0m时可采用平齐式或斜式。高速公路、一级公路中央分隔带不得采用栏式缘石。

(3)中央分隔带表面处理:中央分隔带宽度大于或等于3.0m时宜植草皮;中央分隔带宽度小于3.0m时可栽灌木或铺面封闭。

9.4.7　公路横断面范围内的排水设计除应自成体系、满足功能要求外,设置在紧靠车道的边沟,其断面宜采用浅碟形或漫流等方式,否则应加盖板。

9.4.8　冬季积雪路段、工程地质病害严重路段等可适当加宽路基,以改善行车条件,保障行车安全。

**知识要点2:路基宽度及其横断面的典型形式**

1)路基宽度

各级公路的路基宽度值见表4-1。

**各级公路的路基宽度**　　表4-1

| 公路等级 | | 高速公路、一级公路 | | | | | | | | |
|---|---|---|---|---|---|---|---|---|---|---|
| 设计速度(km/h) | | 120 | | | 100 | | | 80 | | 60 |
| 车道数 | | 8 | 6 | 4 | 8 | 6 | 4 | 6 | 4 | 4 |
| 路基宽度(m) | 一般值 | 42 | 34.5 | 28 | 41 | 33.5 | 26 | 32 | 24.5 | 23 |
| | 最小值 | 40 | — | 26 | 39.5 | — | 24.5 | — | 21.5 | 20 |

| 公路等级 | | 二级公路、三级公路、四级公路 | | | | | |
|---|---|---|---|---|---|---|---|
| 设计速度(km/h) | | 80 | 60 | 40 | 30 | 20 | |
| 车道数 | | 2 | 2 | 2 | 2 | 2或1 | |
| 路基宽度(m) | 一般值 | 12 | 10 | 8.5 | 7.5 | 6.5(双车道) | 4.5(单车道) |
| | 最小值 | 10 | 8.5 | — | — | — | — |

2)路基典型横断面

路基一般有路堤(填方路基)、路堑(挖方路基)和半填半挖路基三种基本形式,如图4-2所示。

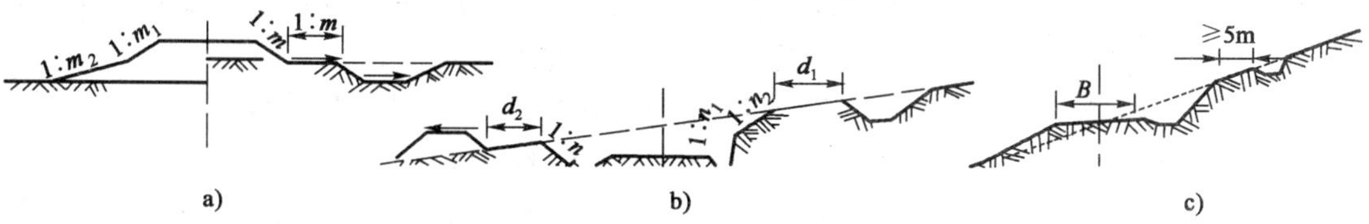


图4-2　路基断面的基本形式

a)一般路堤;b)一般路堑;c)半填半挖路基

(1)路堤

常用的各种路堤形式如图4-3所示。

①一般路堤[图4-3a)]:填土高度大于1m小于20m的路堤。

②矮路堤[图4-3b)]:填土高度小于1m,为排水常需设置边沟。

③沿河路堤[图4-3c)]:路堤浸水部分的路堤边坡采用1: 2,并视水流冲刷情况采用措施。

④陡坡护脚路堤[图4-3d)]:当路堤的坡脚伸出较远且不稳定或坡脚占用耕地较多时,用护脚取代坡脚的路堤。

⑤利用挖渠土填筑路基[图4-3e)]:这是农田水利建设与公路建设相结合的形式,但需要考虑渠道的水流是否影响公路的正常使用,以及路基在渠道设计水位的影响下强度、稳定性是否满足要求。

根据路堤填筑材料的不同,还可分为填土路堤[图4-4a)]和填石路堤[图4-4b)]。

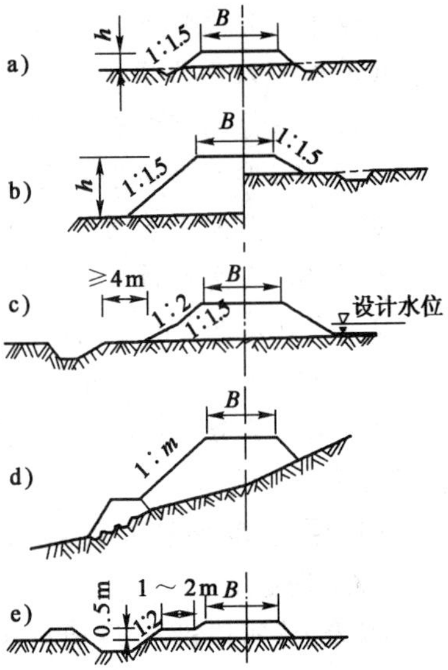


图4-3　填方路基断面形式

a)　　b)

图4-4　填土路堤与填石路堤实例图
a)填土路堤;b)填石路堤

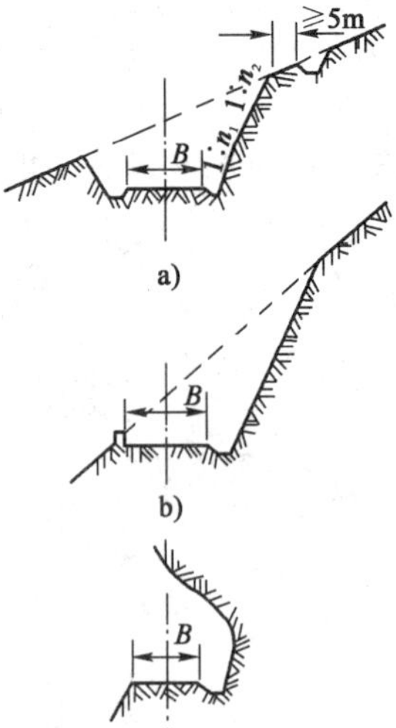


图4-5　路堑断面形式

(2)路堑

常用的路堑形式如图4-5所示。

①一般路堑[图4-5a)]:路堑必须设置边沟,以排除路面积水;为拦截山坡上方的地面水流向路基,在坡顶外至少5m处设置截水沟。路堑挖出的废弃土石方,置于地形下侧的路堑坡顶以外至少3m,形成弃土堆。

②台口式路堑[图4-5b)]:山体的自然坡面为路堑的下边坡,适用于地质状况良好的地段。

③半山洞[图4-5c)]:半山洞适用于整体坚硬的岩石层上,为节省工程量采用的一种形式,应用时注意公路的安全和建筑限界的要求。

各种形式路堑的实例如图4-6所示。

(3)半填半挖路基

常用的半填半挖路基如图4-7所示。

a)　　b)　　c)

图 4-6　常见路堑实例图

a)一般路堑;b)台口式路堑;c)半山洞

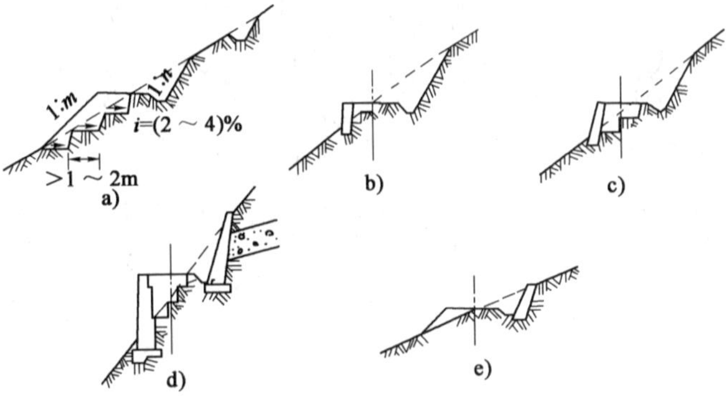


图 4-7　半填半挖断面形式

a)半填半挖路基;b)护肩路基;c)砌石路基;d)挡土墙路基;e)矮墙路基

①一般半填半挖路基[图 4-7a)]:半填半挖路基是比较经济的断面形式,注意当原地面横坡大于 1:5 时,将原地面挖成台阶,以保证填土的稳定。

②护肩路基[图 4-7b)]:用于填土高度不大,但坡脚太远不易填筑时的情况。护肩高度一般不超过 3m。

③砌石路基[图 4-7c)]:用于地面横坡太陡,坡脚落空,不能填筑时。

④挡土墙路基[图 4-7d)]:挡土墙是不依靠路基独立稳定的结构物,它也能支挡填方,稳定路基。

⑤矮墙路基[图 4-7e)]:用于挖方边坡土质松散,易产生碎落的情况。

各种典型路基横断面要结合实际地形选用,且应以路基稳定、行车安全、工程量小和经济适用为前提。

3. 示例

现以某工程路段(图 4-8)为例,介绍路基横断面设计。

**提示:**

请注意观察横断面布图顺序。

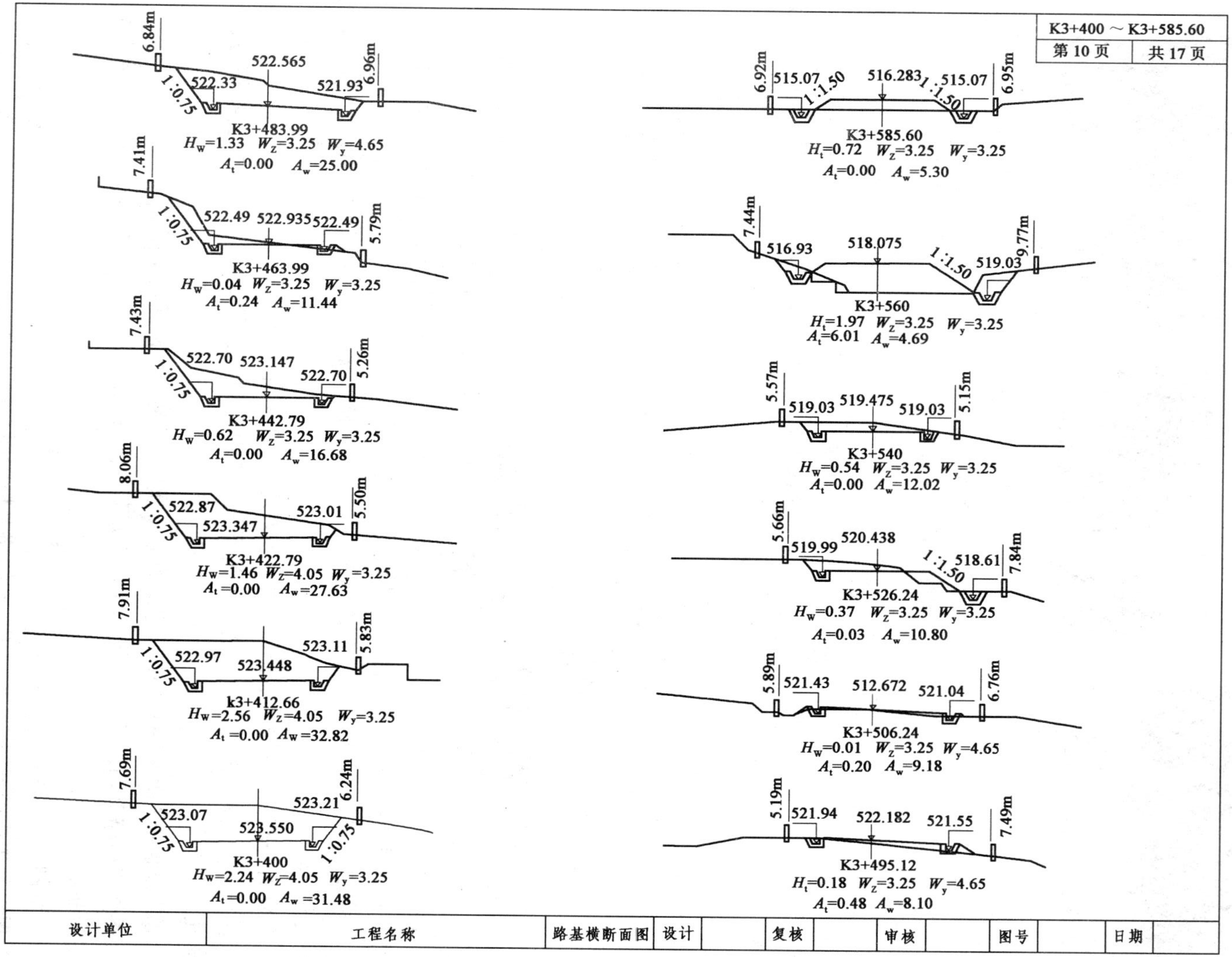


图4-8 某路段路基横断面图

4. 引导问题

**引导问题 1：**

根据图 4-9、图 4-10 完成以下内容。

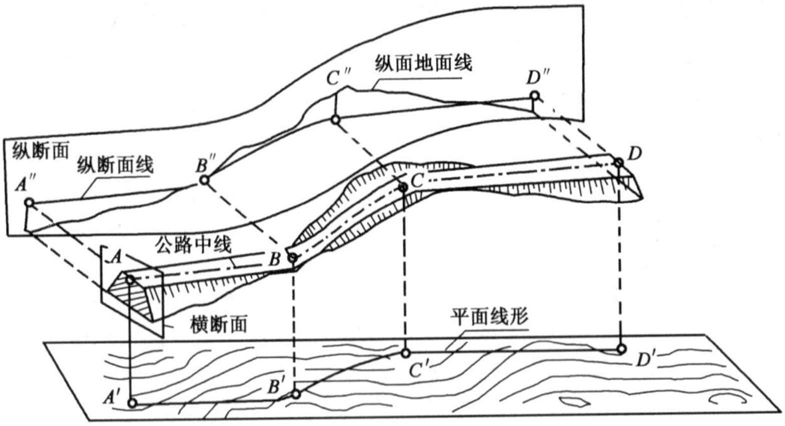


图 4-9　公路三维投影图

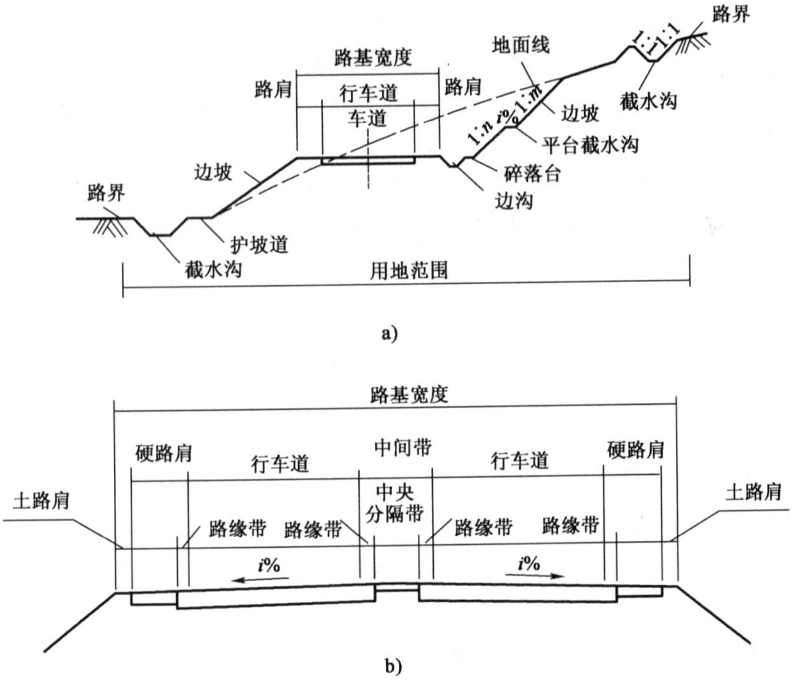


图 4-10　路基横断面组成图

a）二、三和四级公路；b）高速公路和一般公路

（1）从图 4-9、图 4-10 分析可看出横断面图是由横断面__________与__________所围成的图形。横断面上的内容包括：__________、__________、__________、__________、__________、__________、__________以及专门设计的取土坑、弃土堆、环境保护等设施。

（2）高速公路、一级公路的路基标准横断面应由__________、__________、__________等部分组成。其中中间带包括__________和__________。

（3）二级公路路基的标准横断面应由__________、__________、__________等部分组成。三级公路、四级公路路基的标准横断面应由__________和__________组成。

（4）路基宽度是指一个横断面上两__________外缘之间的宽度。

（5）为了迅速排出路面上的水，把路面做成由中央向两侧倾斜的拱形称为__________，其基本形式有__________、__________和__________三种。

（6）横断面的布图顺序是，从__________到__________，从__________到__________。

**引导问题 2：**

根据图 4-11，完成以下内容。

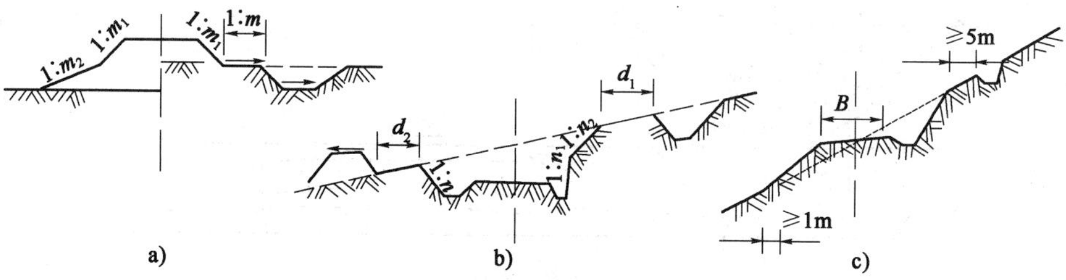


图 4-11　路基断面的基本形式

a）一般路堤；b）一般路堑；c）半填半挖路基

（1）在典型横断面中，把高于原地面的填方路基称为__________[图 4-11a）]；低于原地面的挖方路基称为__________[图 4-11b）]；在一个断面内，部分要填，另一部分要挖的路基称为__________[图 4-11c）]。

（2）根据图 4-11，当自然地形、地质条件发生变化时，可派生出一系列类似的断面形式，请各举出两种以上的横断面，并简单说明适用条件及注意事项。

**引导问题 3：**

平曲线超高和加宽

（1）已知四级改建公路，设计车速 20km/h，圆曲线半径 $R=80$m，试根据图 4-12，结合平曲线加宽值表（表 4-2），确定本横断面加宽和超高值。

本横断面在平面图上位于弯道处，该弯道是__________转弯，在__________侧加宽，加宽__________ m；在__________侧抬高，超高值__________、__________、__________。

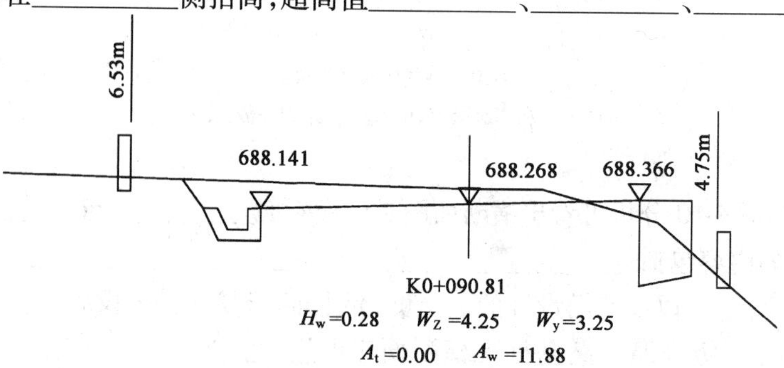


图 4-12　某四级改建路横断面图

平曲线加宽值　　表 4-2

| 加宽类别 | 圆曲线半径(m) / 加宽值 / 汽车轴距加前悬(m) | 250 ~ 200 | < 200 ~ 150 | < 150 ~ 100 | < 100 ~ 70 | < 70 ~ 50 | < 50 ~ 30 | < 30 ~ 25 | < 25 ~ 20 | < 20 ~ 15 |
|---|---|---|---|---|---|---|---|---|---|---|
| 1 | 5 | 0.4 | 0.6 | 0.8 | 1.0 | 1.2 | 1.4 | 1.8 | 2.2 | 2.5 |
| 2 | 8 | 0.6 | 0.7 | 0.9 | 1.2 | 1.5 | 2.0 | — | — | — |
| 3 | 5.2 + 8.8 | 0.8 | 1.0 | 1.5 | 2.0 | 2.5 | — | — | — | — |

(2)什么是平曲线加宽？为什么设置平曲线加宽？加宽值如何计算？

(3)什么是平曲线超高？为什么要设置超高？说明超高缓和段的过渡形式有哪些？

**引导问题 4：**

土石方调配的原则是什么？调配的方法是什么？

**引导问题 5：**

根据表 4-3，完成以下内容。

表 4-3

# 路基土石方数量计算表

第11页　共13页　S3-15

| 桩号 | 横断面面积(m²) | | 距离(m) | 挖方分类及数量(m³) | | | | | | | | | | | | | 填方数量(m³) | | | 利用方数量及调配(m³) | | | | | | | 备注 |
|---|---|---|---|---|---|---|---|---|---|---|---|---|---|---|---|---|---|---|---|---|---|---|---|---|---|---|---|
| | | | | 总数量 | 土 | | | | | | 石 | | | | | | | | | 本桩利用 | | 填缺 | | 挖余 | | 远运利用及纵向调配示意 | |
| | | | | | I | | II | | II | | IV | | V | | VI | | | | | | | | | | | | |
| | 挖方 | 填方 | | | % | 数量 | % | 数量 | % | 数量 | % | 数量 | % | 数量 | % | 数量 | 总数量 | 土 | 石 | 土 | 石 | 土 | 石 | 土 | 石 | | |
| 1 | 2 | 3 | 4 | 5 | 6 | 7 | 8 | 9 | 10 | 11 | 12 | 13 | 14 | 15 | 16 | 17 | 18 | 19 | 20 | 21 | 22 | 23 | 24 | 25 | 26 | 27 | 28 |
| K3+422.790 | 27.63 | 0.00 | | | | | | | | | | | | | | | | | | | | | | | | 6(201m)石500.6(1232m) | （调至K2+730） |
| | | | 20.00 | 443.1 | 10 | 44.3 | 40 | 177.2 | 50 | 221.6 | | | | | | | | | | | | | | 443.1 | | | |
| K3+422.790 | 16.68 | 0.00 | | | | | | | | | | | | | | | | | | | | | | | | | |
| | | | 21.20 | 298.1 | 10 | 29.8 | 40 | 119.2 | 50 | 149.0 | | | | | | | 2.6 | 2.6 | | 2.6 | | | | 295.5 | | | |
| K3+463.990 | 11.4 | 0.24 | | | | | | | | | | | | | | | | | | | | | | | | | |
| | | | 20.00 | 364.4 | 10 | 36.4 | 40 | 145.8 | 50 | 182.2 | | | | | | | 2.4 | 2.4 | | 2.4 | | | | 362.0 | | | |
| K3+483.990 | 25.00 | 0.00 | | | | | | | | | | | | | | | | | | | | | | | | | |
| | | | 11.13 | 184.2 | 10 | 18.4 | 40 | 73.7 | 50 | 92.1 | | | | | | | 2.7 | 2.7 | | 2.7 | | | | 181.5 | | | |

1～3 栏：从____________上转抄。

4 栏：距离：根据____________计算。

5 栏：挖方总数量：根据____________公式计算。

6～17 栏：Ⅰ、Ⅱ、Ⅲ、Ⅳ、Ⅴ、Ⅵ分别代表____________、____________、____________、____________、____________、____________。

18 栏：填方总数量：根据____________________公式计算。

21～26 栏：本桩利用、填缺、挖余分别代表____________、____________、__________。

（二）拓展训练

已知某三级公路，$V = 40\text{km/h}$，请根据公路平、纵面设计成果提供的信息，完成下列内容，并进行横断面图绘制。

1. 基础知识

（1）逐桩绘制横断面地面线，布置横断面设计图（在米格纸上绘制）。

横断面设计图一般采用__________的比例，按照从__________到__________，从__________到__________的顺序排列。

（2）根据路基设计表标注相应的中桩填挖高度、路基宽度、超高和加宽的数据。

设计速度为 40km/h 的三级公路的路基宽度为__________ m，其中行车道宽__________ m，土路肩宽__________ m。

（3）绘制地质线，确定边坡坡度及边沟形状、大小。

边坡坡度可套用标准图，挖方土质边坡坡度为__________，挖方石质边坡坡度为__________，填方边坡坡度为__________，护坡道宽为__________ m；边沟的形状有__________形、__________形、__________形、__________形，本路段适宜采用__________形。

2. 绘图和填表

（1）按下列横断面数据（表 4-4）完成横断面图的绘制（标准 A3 米格纸绘制，比例1：200）。

表 4-4

横断面地面线资料

| | | | | | | | | |
|---|---|---|---|---|---|---|---|---|
| | | $\frac{0}{10}$ | K0 + 000 | $\frac{0}{10}$ | | | | $T = 0\text{m}$ |
| | | $\frac{-1}{10}$ | K0 + 020 | $\frac{1}{5}$ | $\frac{1}{5}$ | $\frac{2}{5}$ | | $T = 0.6\text{m}$ |
| $\frac{1}{5}$ | $\frac{-2}{5}$ | $\frac{-2}{5}$ | K0 + 040 | $\frac{2}{5}$ | $\frac{1}{5}$ | $\frac{3}{5}$ | $\frac{0}{10}$ | $T = 0\text{m}$ |
| $\frac{-1}{5}$ | $\frac{-2}{5}$ | $\frac{-1}{5}$ | K0 + 060 | $\frac{1}{5}$ | $\frac{2}{5}$ | $\frac{3}{5}$ | | $W = 1\text{m}$ |
| $\frac{-2}{5}$ | $\frac{-2}{5}$ | $\frac{-1}{5}$ | K0 + 080 | $\frac{1}{5}$ | $\frac{0}{5}$ | $\frac{2}{5}$ | $\frac{5}{5}$ | $W = 5\text{m}$ |
| $\frac{0}{10}$ | $\frac{0}{10}$ | $\frac{-3}{5}$ | K0 + 100 | $\frac{1}{10}$ | $\frac{1}{5}$ | | | $T = 7\text{m}$ |
| $\frac{-3}{5}$ | $\frac{-3}{5}$ | $\frac{-1}{5}$ | K0 + 120 | $\frac{2}{5}$ | $\frac{3}{5}$ | $\frac{2}{5}$ | | $T = 0\text{m}$ |
| $\frac{-1}{5}$ | $\frac{-1}{5}$ | $\frac{-1}{5}$ | K0 + 140 | $\frac{1}{5}$ | $\frac{1}{5}$ | $\frac{1}{5}$ | | $W = 1\text{m}$ |

其中，边坡、水沟参考资料从图4-13 中查取。

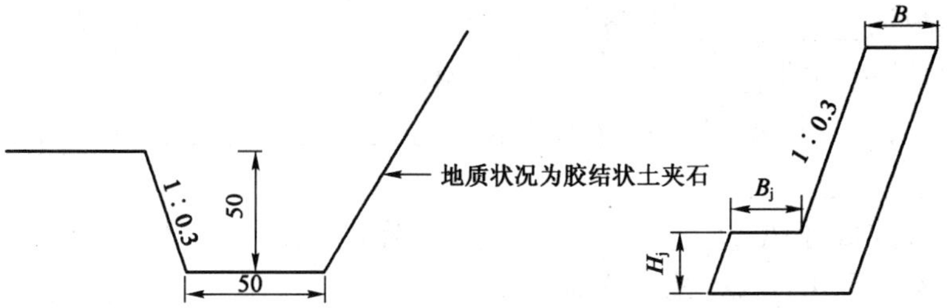


a)　　　　b)

图4-13　边坡、水沟横断面图

(2)根据所绘横断面，完成表4-5。

**路基土石方数量计算表**　　　　表4-5

| 桩号 | 断面积 | | 平均断面积 | | 距离 | 挖方体积 | 填方体积 | 本桩利用 | 远远利用 | |
|---|---|---|---|---|---|---|---|---|---|---|
| | 挖 | 填 | 挖 | 填 | | | | | 填缺 | 挖余 |
| | | | | | | | | | | |
| | | | | | | | | | | |
| | | | | | | | | | | |
| | | | | | | | | | | |
| | | | | | | | | | | |
| | | | | | | | | | | |
| | | | | | | | | | | |
| 总计 | | | | | | | | | | |

(三)任务实施(天府—通平新建二级公路)

1. 根据平面图，读取各中桩横断面地面线资料，填写表4-6。

2. 根据横断面地面线资料和路基设计表，进行横断面设计。

3. 完成某个弯道各中桩的超高和加宽值计算，书写计算过程。

4. 提交成果(天府—通平新建二级公路)

(1)设计图：路基标准横断面设计图、路基横断面设计图。

(2)设计表：路基土石方数量表。

5. 对你的横断面设计，请分析技术指标是否满足规范要求。

表 4-6

## 横断面地面高程资料表

| 左 | 中桩 | 右 |
| --- | --- | --- |
| 相对高差 | 中桩地面高程 | 相对高差 |
| 相对平距 | 桩号 | 相对平距 |
| | K + | |
| | K + | |
| | K + | |
| | K + | |
| | K + | |
| | K + | |
| | K + | |
| | K + | |

记录：　　　　　　　　复核：

续上表

| 左 | 中桩 | | | 右 |
|---|---|---|---|---|
| | 相对高差 | 中桩地面高程 | 相对高差 | |
| | 相对平距 | 桩号 | 相对平距 | |
| | | | | |
| | | K + | | |
| | | | | |
| | | K + | | |
| | | | | |
| | | K + | | |
| | | | | |
| | | K + | | |
| | | | | |
| | | K + | | |
| | | | | |
| | | K + | | |
| | | | | |
| | | K + | | |
| | | | | |
| | | K + | | |

记录： 复核：

## 五、评价与反馈

1. 学生自我评价

此次横断面设计是否顺利？______

若不顺利，请列出遇到的问题：______

______

______

______

______

分析出现问题的原因，并提出修正方案：______

______

______

______

______

______

您认为还需加强哪些方面的指导？______

______

______

______

2. 学习工作过程评价表

**任务评分表**

| 考核项目 | 分数 | | | 学生自评 | 小组互评 | 教师评价 | 小计 |
|---|---|---|---|---|---|---|---|
| | 差 | 中 | 好 | | | | |
| 团队合作精神 | 3 | 6 | 10 | | | | |
| 活动参与是否积极 | 3 | 6 | 10 | | | | |
| 技术指标是否满足规范要求 | 6 | 13 | 20 | | | | |
| 绘图是否满足制图要求 | 6 | 13 | 20 | | | | |
| 设计是否合理 | 6 | 13 | 20 | | | | |
| 各项计算是否正确 | 6 | 13 | 20 | | | | |
| 总分 | 100 | | | | | | |
| 教师签字： | | | | 年　月　日 | | 得分 | |

# 学习任务五　不同地形条件下的公路勘测

## 一、任务描述

公路勘测是以观测、计算、调查和绘图为手段，对路线所经过地区的社会、地理、人文景观、经济发展、地形、地质等进行视察、踏勘、测量，其目的是采集公路设计所需要的空间数据、资源信息数据，为公路设计和施工提供依据。公路勘测是公路工程设计的基础，公路工程设计又是施工的依据和基础，所以公路勘察质量的好坏对整个公路建设质量起着决定性的作用。

## 二、学习目标

通过本学习任务的学习，应达到以下要求：

(1)能明确公路勘测的基本要求和内容。

(2)能进行公路工程路线方案的选择和比较。

(3)能参与团队工作，完成平原区道路的选线工作。

(4)能参与团队工作，完成山岭区道路的选线工作。

(5)能参与团队工作，完成丘陵区道路的选线工作。

(6)能完成纸上定线的各项工作。

(7)完成现场勘测的各项工作并正确填写各项表格。

## 三、内容结构

本次学习任务的内容结构如图 5-1 所示。

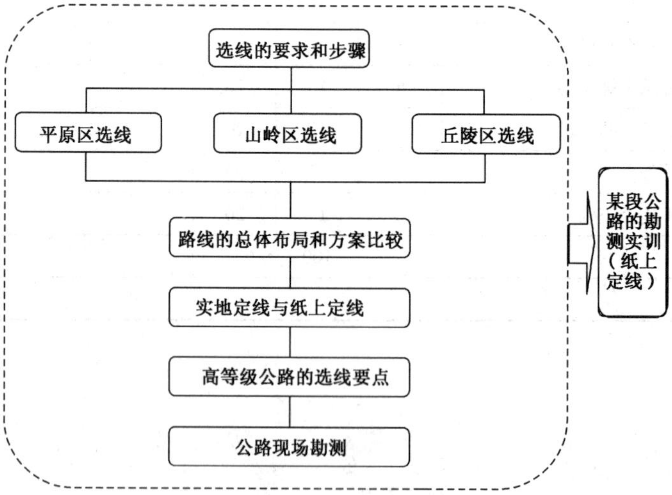


图 5-1　内容结构图

## 四、任务实施

### 任务一：对选线工作的认识

通过学习教材相关内容和查阅资料，明确选线工作的意义、方法和步骤。

1. 学习准备

(1)基本概念

**选线**:根据路线基本走向和技术标准,结合地形、地质条件,考虑安全、环保、土地利用和施工条件以及经济效益等因素,通过全面比较,选择路线方案的全过程。公路选线示意图如图5-2所示。

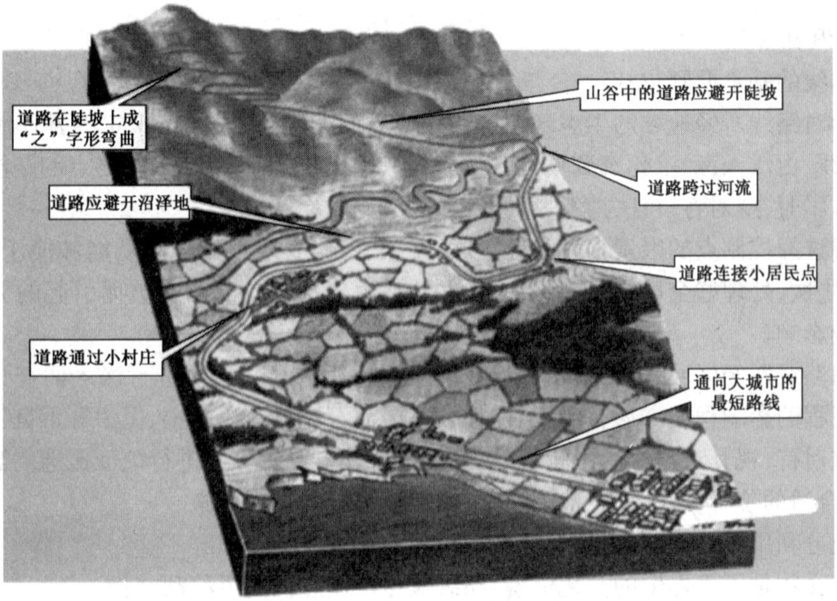


图5-2　公路选线示意图

**路线控制点**:任务书中指定通过的地点以及为便于分段布线,在选线过程中选定的对路线走向起控制作用的点。如宜泸高速公路路线方案及主要控制点,如图5-3所示。

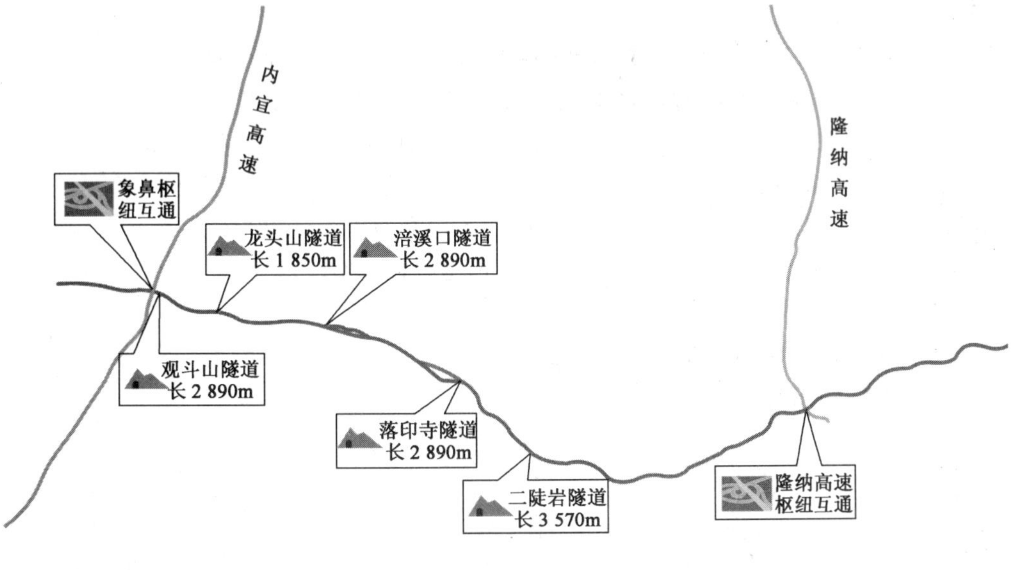


图5-3　宜泸高速公路路线方案及主要控制点

**初测**：根据任务书确定的修建原则和路线基本走向方案，通过现场对各有价值的路线方案的勘测，进行导线、高程、地形、桥涵、路线交叉及其他资料的测量调查工作，并进行纸上定线和有关内业工作，从中确定采用的路线；搜集、提供编制初步设计文件所需的资料。

**定测**：根据批准的初步设计文件，在现场进行具体方案的勘测落实，并通过定线、测角、中桩、高程、横断面等以及其他勘测资料的测量调查及内业工作，为施工图设计搜集、提供有关资料。

（2）知识要点

公路选线的基本原则包括：

①应针对路线所经地域的生态环境、地形、地质的特性与差异，按拟定的各控制点由面到带、由带到线，由浅入深、由轮廓到具体，进行比较、优化与论证。同一起、终点的路段内有多个可行路线方案时，应对各设计方案进行同等深度的比较。

②影响选择控制点的因素多且相互关联、又相互制约，应根据公路功能和使用任务，全面权衡、分清主次，处理好全局与局部的关系，并注意由于局部难点的突破而引起的关系转换给全局带来的影响。

③应对路线所经区域、走廊带及其沿线的工程地质和水文地质进行深入调查、勘察，查清其对公路工程的影响程度。遇有滑坡、崩塌、岩堆、泥石流、岩溶、软土、泥沼等不良工程地质的地段应慎重对待，视其对路线的影响程度，分别对绕、避、穿等方案进行论证比选。当必须穿过时，应选择合适的位置，缩小穿越范围，并采取切实可行的工程措施。

④应充分利用建设用地，严格保护农用耕地。

⑤国家文物是不可再生的文化资源，路线应尽可能避让不可移动文物。

⑥保护生态环境，并同当地自然景观相协调。

⑦高速公路、具干线功能的一级公路同作为路线控制点的城镇相衔接时，以接城市环线或以支线连接为宜，并与城市发展规划相协调。

新建的二级公路、三级公路应结合城镇周边路网布设，避免穿越城镇。

⑧路线设计是立体线形设计，在选线时即应考虑平、纵、横面的相互间组合与合理配合。

（3）参考资料

①交通部．公路工程技术标准（JTG B01—2003）[S]．北京：人民交通出版社，2004.

②交通部．公路路线设计规范（JTG D20—2005）[S]．北京：人民交通出版社，2006.

③交通部．公路勘测规范（JTG C10—2007）[S]．北京：人民交通出版社，2007.

④交通部．公路勘测细则（JTG/T C10—2007）[S]．北京：人民交通出版社，2007.

⑤黄文元，汪双杰．公路勘测手册[M]．北京：人民交通出版社，2007.

⑥朱永明．公路勘测设计[M]．北京：人民交通出版社，2001.

2．引导问题

通过对本部分的学习，请回答以下问题：

（1）公路选线的内容主要有哪些？

(2)路线的控制点主要包括哪些?

(3)一条道路路线的选定是经过由浅入深、由轮廓到局部、由总体到具体、由面到带进而到线的过程来实现。一般要经过“全面布局、逐段安排、具体定线”三个步骤,请根据学习情况说明你对这三个步骤的理解。

**任务二:平原区选线**

通过学习教材相关内容和查阅资料,能完成平原区道路的选线工作。

1. 学习准备

(1)基本概念

平原区:地形宽广平坦或略有起伏,地面自然坡度很小的地区,如图5-4所示。

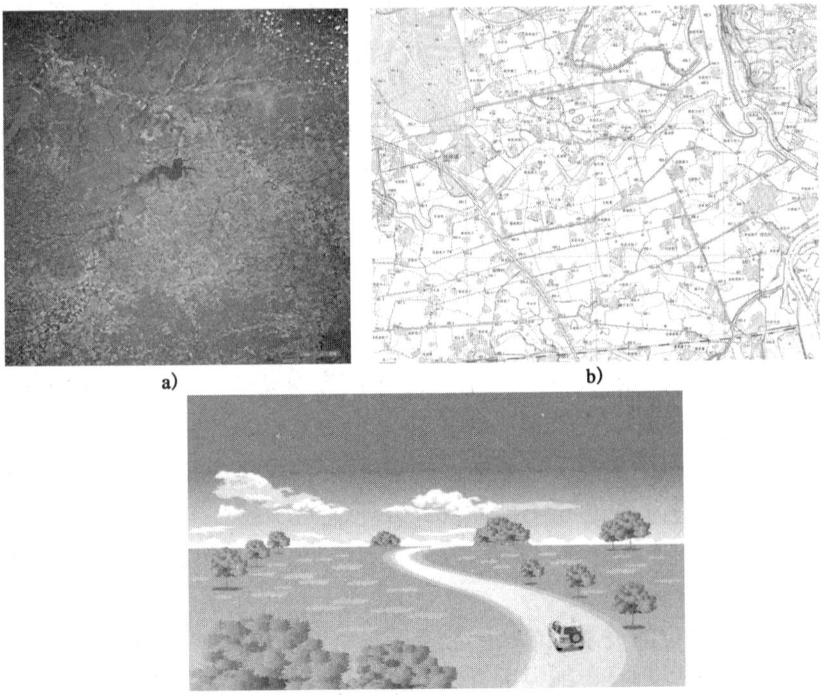

a) b) c)

图5-4 平原区示例

a)平原地区卫星图片示例;b)平原地区地形图示例;c)平原区公路示例

平原区一般自然坡度在3°以下。

**软土**：软土是指滨海、湖沼、谷地、河滩沉积的天然含水率高、孔隙比大、压缩性高、抗剪强度低的细粒土。具有天然含水率高、天然孔隙比大、压缩性高、抗剪强度低、固结系数小、固结时间长、灵敏度高、扰动性大、透水性差、土层层状分布复杂、各层之间物理力学性质相差较大等特点，如图5-5所示。

**沼泽**：是指地表过湿或有薄层常年或季节性积水，土壤水分几达饱和，生长有喜湿性和喜水性沼生植物的地段，如图5-6所示。

图5-5　软土示例

图5-6　若尔盖沼泽示例

(2)知识要点

平原区路线布设的要点包括：

①以平面为主安排路线。平面线形应采用较高的技术指标，避免采用长直线或小偏角，但不应为避免长直线而随意转弯。

②正确处理路线与农业的关系。占用农田要与路线的作用、对农业运输的效果、工程数量及造价等方面因素全面分析比较确定，既不能片面为追求线形而大量占用农田，也不能片面不占农田，使路线弯弯曲曲，造成行车条件恶化。

③处理好路线与农田水利的关系。路线应与农田水利建设相配合，有利农田灌溉，尽可能少和灌溉渠道相交，除特殊情况外，一般不要破坏灌溉系统。布线要注意尽量与干渠平行，减少路线与渠道相交，把路线布置在渠道上方非灌溉的一侧或渠道尾部。当路、渠方向基本一致时，可沿渠(河)堤布线，堤路结合，桥闸结合，以减少占田和便利灌溉。路线必须跨水塘时，可考虑设在水塘的一侧，并拓宽水塘取土填筑路堤，使水塘面积不致缩小。另外，应注意筑路与造田、护田相结合，当路线通过河曲地带，水文条件许可时，可以考虑路线直穿，截弯取直，改河造田，缩短路线。河曲带的路线改河造田布置如图5-7所示，围滩筑路造田的路线布置如图5-8所示。

④处理好公路与城镇的关系。平原地区城镇较多，居民集中，经济、文化较为发达，人文环境丰富，选线时应以绕避为主，尽量不破坏或少破坏，并采用较高的技术指标通过。在避让局部障碍时，要注意线形的连续舒畅。另外，应注意与铁路、港口、机场、车站、已有道路等其他运输方式配合，以发挥综合运输效益。

⑤处理好路线与桥位的关系。选线时应该综合各方面因素考虑路线线位与桥位之间的关系，防止出现两种极端：一种是单纯强调桥位，造成路线过多的迂绕，或是过分强调正交桥位，出现桥头急弯影响行车安全；另一种是只顾线形顺直，不顾桥位，造成桥位不适合或斜交过大，增加建桥困难。

⑥注意土壤地质水文条件，确保路基稳定。在平原河网地区，应注意尽量避开软土地基，

并根据河流及通航情况，选择适当地点用较高的技术指标通过，并使交角适当，平纵线形组合良好，跨河构造物少。

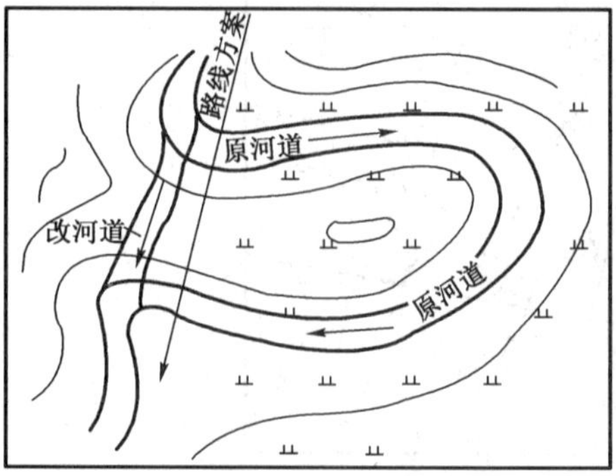


图5-7　河曲带的路线改河造田布置示意图

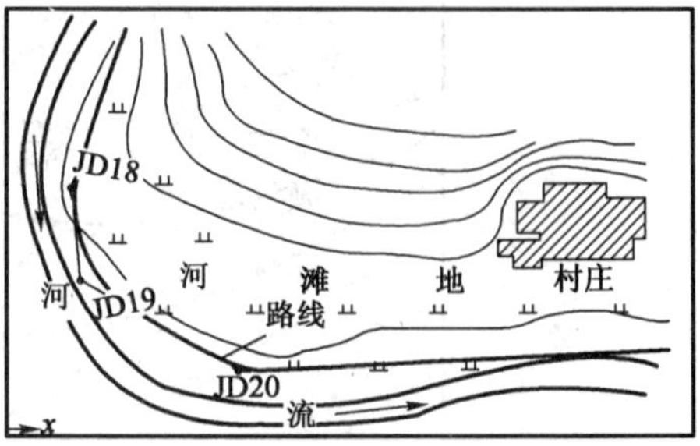


图5-8　围滩筑路造田的路线布置示意图

(3)参考资料

①交通部. 公路工程技术标准(JTG B01—2003)[S]. 北京:人民交通出版社,2004.

②交通部. 公路路线设计规范(JTG D20—2005)[S]. 北京:人民交通出版社,2006.

③交通部. 公路勘测规范(JTG C10—2007)[S]. 北京:人民交通出版社,2007.

④交通部. 公路勘测细则(JTG/T C10—2007)[S]. 北京:人民交通出版社,2007.

⑤黄文元,汪双杰. 公路勘测手册[M]. 北京:人民交通出版社,2007.

⑥朱永明. 公路勘测设计[M]. 北京:人民交通出版社,2001.

2. 引导问题

通过对本部分的学习,请回答以下问题:

(1)平原区的地形特征是什么?

(2)平原区路线的特征有哪些?

3. 任务实施

请根据学习分析以下各例中路线方案(图5-9～图5-11),选择最合理的方案并说明理由。

## 案例 1

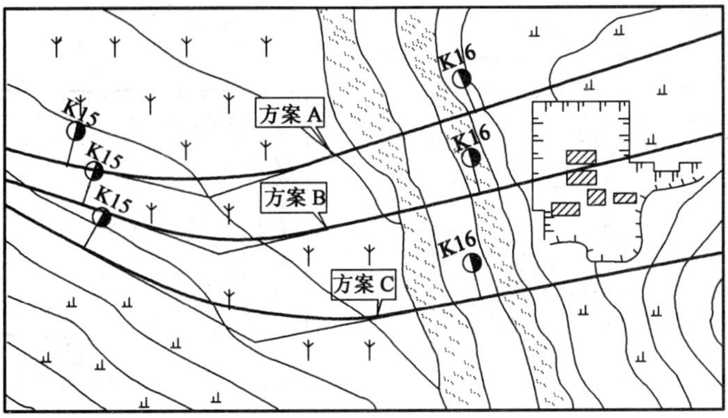


图 5-9　案例 1 图示

## 案例 2

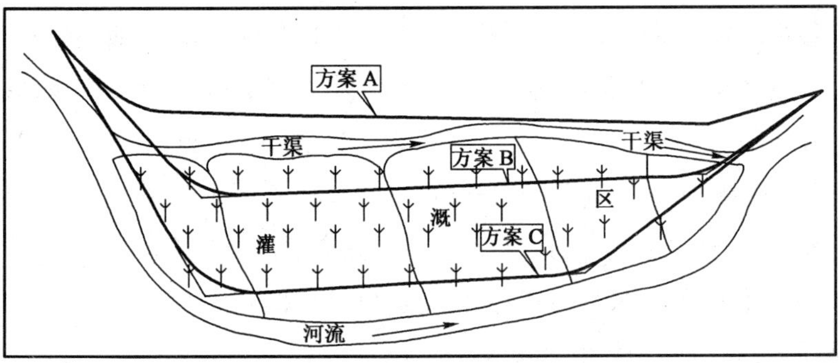


图 5-10　案例 2 图示

## 案例 3

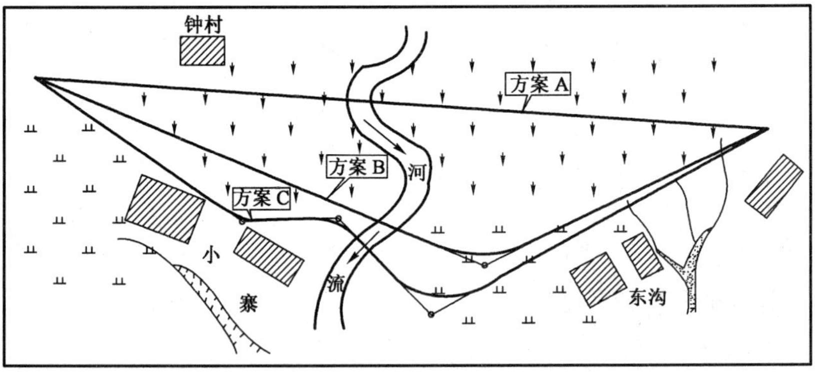


图 5-11　案例 3 图示

**任务三：山岭区选线**

通过学习教材相关内容和查阅资料，能完成山岭区道路的选线工作。

1. 学习准备

（1）基本概念

**山岭区：**地形变化很大，有明显的山岭形态要素（山顶、山坡、山脚），地面自然坡度较陡，相对高差较大的地区。如图 5-12 所示。

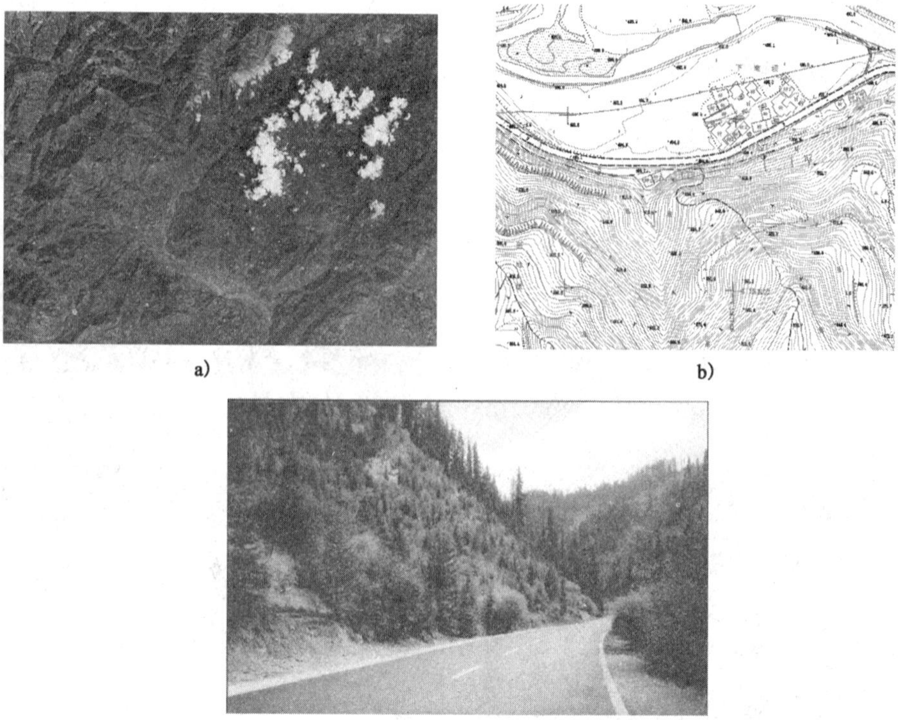

a)　b)　c)

图 5-12　山岭区示例

a）山岭地区卫星图片示例；b）山岭区地形图示例；c）山岭区公路示例

**分水岭：**是区分相邻河流水系的丘陵或山脉等高地，也是流域的界限。

**山脊：**山脊是由两个坡向相反、坡度不一的斜坡相遇组合而成条形脊状延伸的凸形地貌形态，如图 5-13 所示。山脊最高点的连线就是两个斜坡的交线，叫做山脊线。

**山谷：**两山之间狭窄低凹的地方，如图 5-14 所示。

图 5-13　山脊示例

图 5-14　山谷示例

山脊与山谷的等高线示意图如图 5-15 所示。

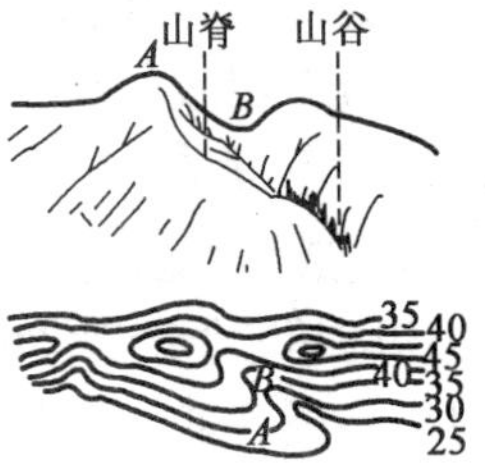


图 5-15　山脊与山谷等高线示意图

**山坡**:山坡是构成山地三大要素之一,介于山顶与山麓之间的部分,是山地最重要的组成部分。

**沿溪线**:沿河溪走向布设的路线,如图 5-16 所示。

**越岭线**:翻越山岭布设的路线,如图 5-17 所示。

**山坡线**:又称山腰线,是指沿山坡布设的路线,如图 5-18 所示。

**山脊线**:沿山脊布设的路线,如图 5-19 所示。

图 5-16　沿溪线示例

图 5-17　越岭线示例

图 5-18　山腰线示例

图 5-19　山脊线示例

**桥位**:为建桥所选择的位置,如图 5-20 所示。

**垭口**:山脊上呈马鞍状的明显下凹处,如图 5-21 所示。

**回头曲线**:山区公路在同一坡面上回头展线时所采用的回转形曲线,如图 5-22 所示。

图 5-20　桥位示意图

图 5-21　G213 线折多山垭口

（2）知识要点

①山岭区各种布线方式的特点

●沿溪线是沿着山岭区内河溪的两岸布置路线。这种路线在平面随河溪的地形而转动，在纵面上坡度平缓；在横面上路基形状适宜，路线走向与河溪的方向相一致。在路线走向脱离河溪方向时，这种路线即不能采用，必须转为其他路线形式。

a）

b）

图5-22　回头曲线示例

a）回头曲线示例1；b）回头曲线示例2

●越岭线是路线走向与山脉方向大致垂直而需在垭口穿越时的路线。这种路线须适当盘绕，提升高程，所以纵坡较大，有时需要修建隧道。

●山腰线是在山坡半腰上布置路线。这种路线是随着山坡而行，平面线形可能弯曲较多，纵坡比较平缓，路基多半填半挖式，有时需要修建挡土墙。

●山脊线是路线走向与山顶分水岭线大致平行时的路线。这种路线大多是在山脊一侧布置，所以，平面线形、纵坡和横断面都较易处理，问题在于如何把路线由山下引到山脊上来。如果地形困难无法引导，则不能采用这种路线形式。

②沿溪线公路选线要点

●沿河（溪）线应处理好河岸的选择、线位高低和跨河换岸地点三者间的关系。路线应选择在地形宽坦、有阶地可利用、支沟较少、沟长较短、水文及地质条件良好的一岸。积雪和冰冻地区，应选在阳坡和迎风的一岸。除高速、一级公路外，可选在村镇较多、人口较密的一岸，以方便群众。某勺形桥头线如图5-23所示。

图5-23　勺形桥头线示例

●临河陡崖地段，抬高路线的线位时，应注意纵面高低过渡的均匀；当采用低线位时，应注意废方堵河、改变水流方向和抬高水位的影响。

●河曲地段的突出山嘴，可考虑深路堑或短隧道方案；对一般的河曲地段，可考虑改河方案，以提高路线技术指标。

●通过水库地区时，应考虑水库坍岸、基底沉陷的影响，以确保路基稳定。

③越岭线公路选线要点

●垭口选择：在符合路线基本走向的情况下，应综合地质、气候、地形等条件，从可能通过的垭口中，选择高程较低和两侧利于展线的垭口。对于垭口虽高，但山体薄窄的分水岭，采用过岭隧道方案有可能成为更合适的越岭位置时，亦应予以比较选择。

• 过岭高程：过岭高程是越岭线布局的重要控制因素，不同的高程会出现不同的展线方案。除工程地质不良和宽而厚的垭口外，一般可用深挖方式过岭。当挖深在 30m 以上时，则应与隧道方案进行比较。

• 垭口两侧展线方案：首先应考虑自然展线，不得已时方可采用回头展线。回头展线应尽量利用山谷（主沟、侧沟）、支脉（山嘴、山脊）和平缓山坡等有利地形，并应尽量避免在一个山坡上布设较多和相距很近的回头曲线。适于布设回头曲线的地形如图 5-24 所示。

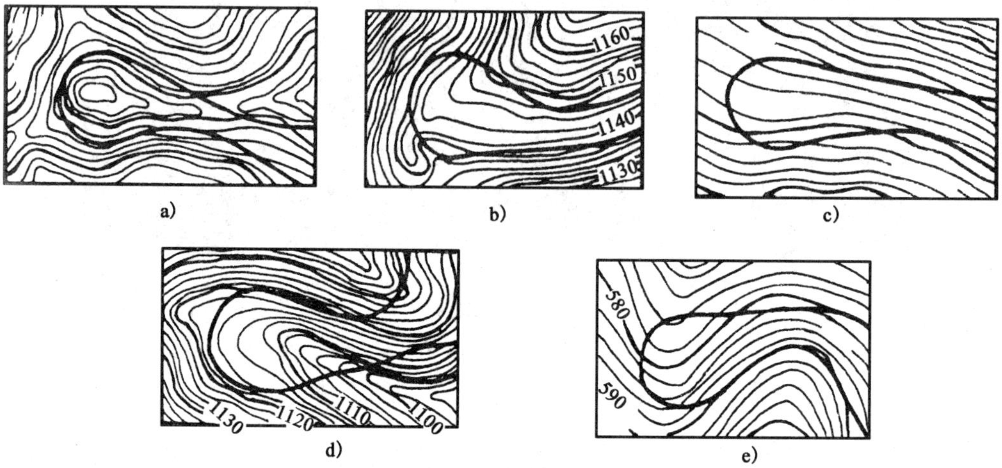


图 5-24　适于布设回头曲线的地形

a）利用山包回头；b）利用山脊平台回头；c）利用缓坡回头；d）利用山沟回头；e）利用山坳回头

• 越岭路线的纵坡应力求均匀，平均纵坡及纵坡长度应符合规定要求。一般不应设置反坡，特殊情况下设置反坡时，应予以比较论证。

• 越岭隧道：各级公路越岭线的隧道，其线形与其与公路的衔接，应符合路线布设的规定。二、三、四级公路上的特长及长、中隧道位置，原则上应服从路线基本走向，路、隧综合考虑。

④山脊线公路选线要点

山脊线公路选线要点，主要是处理好控制垭口、侧坡以及控制垭口间的平均坡度三者的关系。

• 控制垭口的选择：分水岭方向顺直、起伏不大时，每个垭口均可暂定为控制点；地形复杂、起伏较大且较频繁，各垭口高低悬殊时，宜以低垭口作为控制点，突出的高垭口可以舍去；在有支脉横隔时，对相距不远，并排的几个垭口，应选择其中一个与前后联系条件较好的垭口作为控制垭口。

• 侧坡的选择：当分水岭宽阔、起伏不大时，路线以设在分水岭顶部为宜。如需将路线设在两侧山坡时，应选择坡面较整齐，横坡较缓，地质、水文情况良好，积雪、冰冻和支脉分布较少的一侧。

• 控制垭口间的平均坡度：两控制垭口间应力求距离短捷，坡度平缓。若控制垭口间平均坡度超过规定，则应视具体地形、地质条件，采取深挖、旱桥、隧道等工程措施，也可利用侧坡、山脊有利地形展线。

⑤山坡线公路选线要点

• 山坡布线一般选择下部对耕地影响不大的平缓地方。山坡有阳坡和阴坡之分，对寒冷冰雪地区路线应布置在阳坡上，这样有利行车和养护，对冰冻地区则布置在阴坡上对路基的稳定更有利。

● 注意避让不良地质地形，岩层松散和破碎严重的山坡不宜布线，山坡坡度大于45°时，路基稳定性受到影响，也不宜布线。

● 按地形布设路线，要注意线形质量。当山坡线主要按地形布设时，应尽量以减少填挖方数量，但不应过于迁就局部地形而影响线形和纵坡。

● 横断面形式上，当山坡的横坡大于20°以上时，宜设计为半填半挖，且断面挖方宜大于填方；当坡度为30°以上时，宜设计为路堑，这主要从路基的稳定性考虑，防止路基沿山坡下滑。防护工程方面，在布线时要考虑挡土墙、护面墙等防护工程的位置、形式和结构，以便确定路中线位置时，为布置防护工程预留足够的宽度（中线向山坡内侧靠一些）。

（3）参考资料

①交通部. 公路工程技术标准（JTG B01—2003）[S]. 北京：人民交通出版社，2004.

②交通部. 公路路线设计规范（JTG D20—2005）[S]. 北京：人民交通出版社，2006.

③交通部. 公路勘测规范（JTG C10—2007）[S]. 北京：人民交通出版社，2007.

④交通部. 公路勘测细则（JTG/T C10—2007）[S]. 北京：人民交通出版社，2007.

⑤黄文元，汪双杰. 公路勘测手册[M]. 北京：人民交通出版社，2007.

⑥朱永明. 公路勘测设计[M]. 北京：人民交通出版社，2001.

2. 引导问题

通过对本部分的学习，请回答以下问题：

（1）山岭区的地形特征是什么？

（2）山岭区路线的特征有哪些？

（3）采用沿河线布局时需要考虑的主要问题有哪些方面？

（4）沿河线选择高线位或低线位的优缺点各有哪些？

(5)越岭线选线时应以什么为主导？布局时主要应解决的问题是哪些？

(6)越岭线垭口两侧展线的形式有哪几种？请简要说明。

(7)采用山脊线的优缺点有哪些？

3. 任务实施

请根据学习情况分析以下各路线选择案例,并按要求完成相关工作。

**案例 1**　图 5-25 给出了一段较长河曲地段的路线选择方案,请认真分析四种方案,分别指出其优缺点。

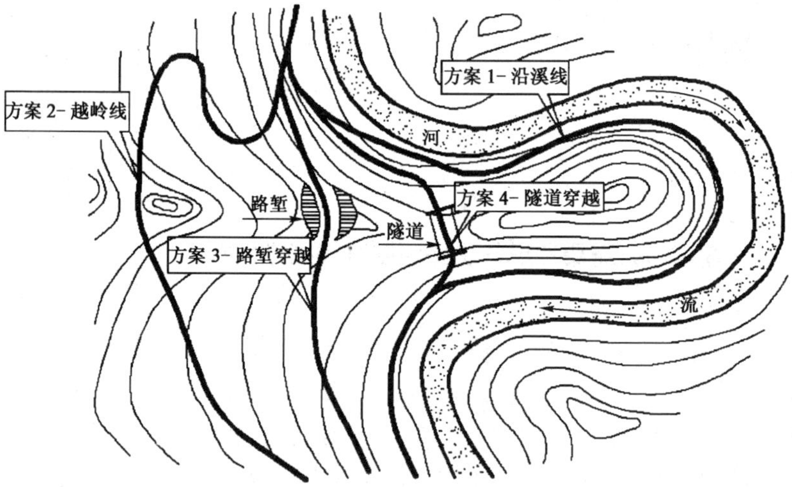


图 5-25　案例 1 图示

**案例 2** 请仔细分析图 5-26 所示地形后，在路线起始方向和路线终止方向之间拟定一条路线，并说明理由。

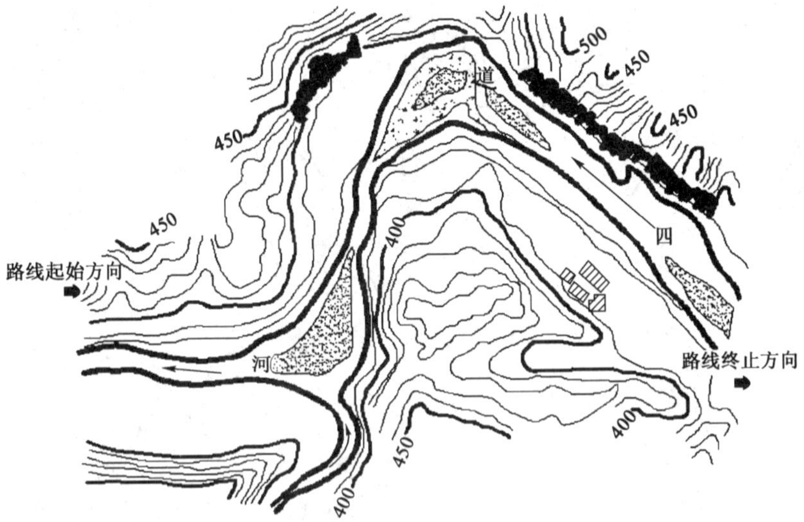


图 5-26 案例 2 图示

**案例 3** 请在仔细分析图 5-27 所示地形后，在起点和止点间拟定一条适合的公路路线。

**任务四：丘陵区选线**

通过学习教材相关内容和查阅资料，能完成丘陵区道路的选线工作。

1. 学习准备

(1)基本概念

**丘陵区**：丘陵一般指海拔在 200m 以上，500m 以下，相对高度不超过 200m，起伏不大，坡度较缓，由连绵不断的低矮山丘组成的地形，如图 5-28 所示。丘陵一般又分为微丘和重丘。

**微丘区**：丘岗低矮，顶部浑圆，地面自然坡度平缓，相对高差不大的地区。

**重丘区**：丘岗较高，地面起伏较大，但无明显的山岭自然形态要素（山顶、山坡、山脚），地面自然坡度较陡，相对高差不大的地区。

**匀坡线**：两点间顺自然地形以均匀坡度所定的地面点的连线，如图 5-29 所示。

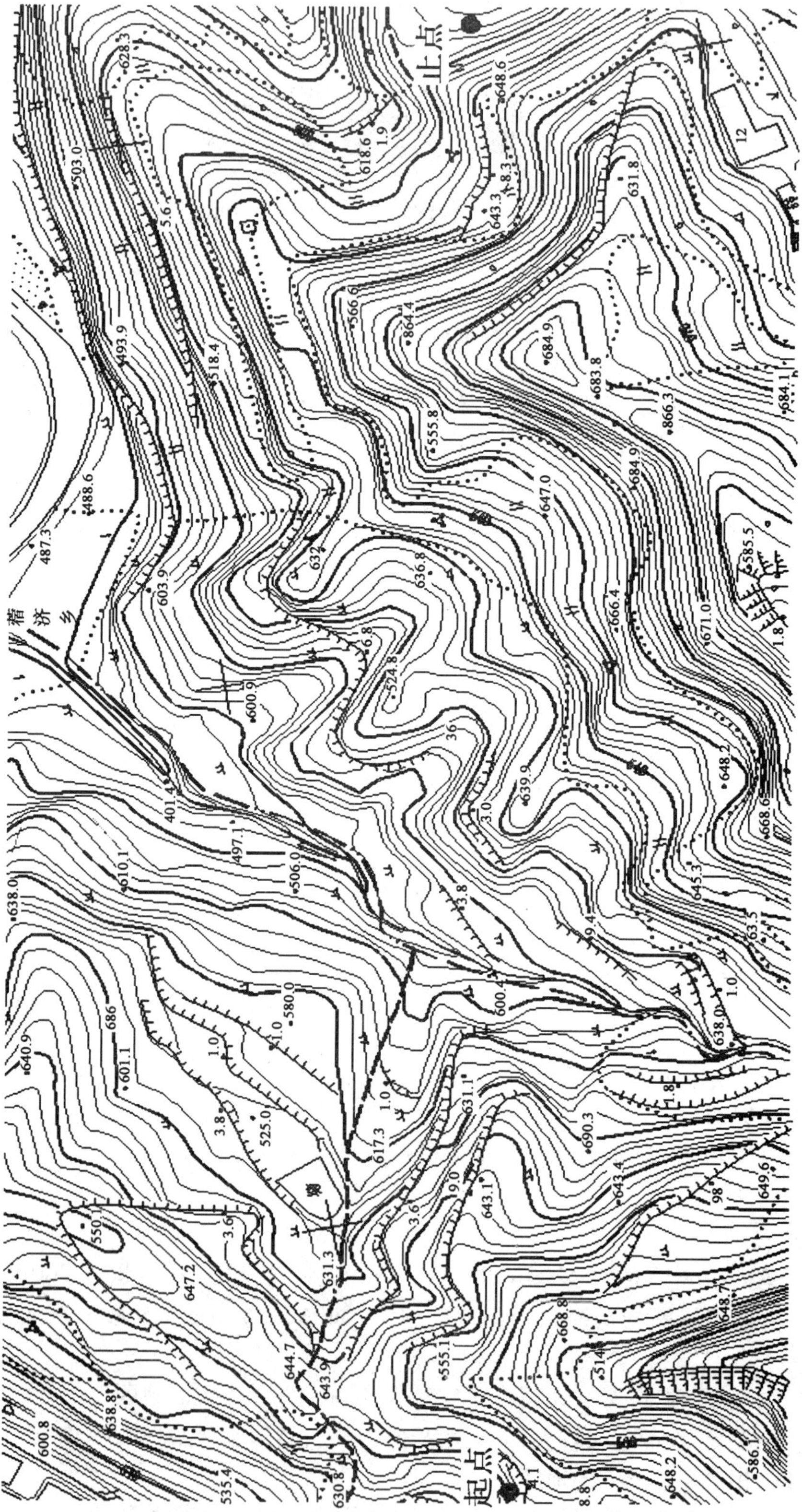


图 5-27 案例 3 图示

a)

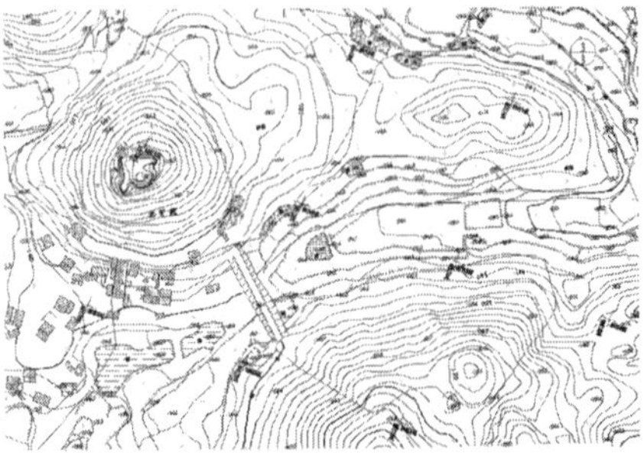

b)

c)

图 5-28　丘陵区示例

a)丘陵地区卫星图片示例;b)丘陵区地形图示例;c)丘陵区公路示例

(2)知识要点

① 丘陵区布线特点

- 局部方案多,路线走向灵活性大。
- 纵断面起伏较多,平面以曲线为主体。
- 需要路线平、纵、横三方面相互协调、密切配合。
- 路基形式以半填半挖为主。

② 丘陵区公路布线方式

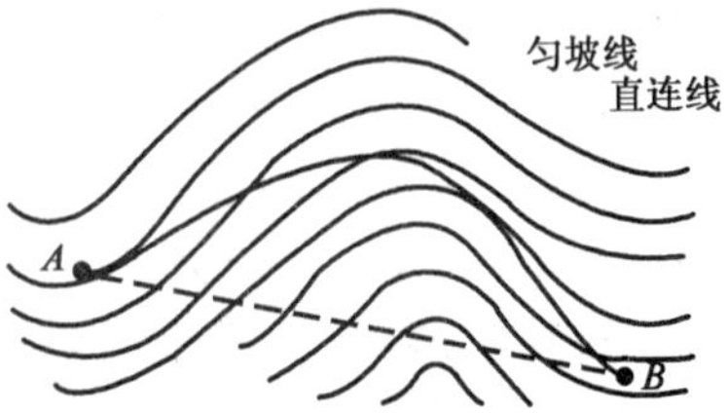


图 5-29　匀坡线示意图

- 平坦地带——走直线。两个已知控制点间,地势平坦,应按平原区以方向为主导的原则办理。如其间无地物、地质障碍,或应趋就的风景、文物以及居民点,路线应走直线;如有障碍,或应趋就的地点,则加设中间控制点,相邻控制点间仍以直线相连,路线转折处设长而缓的曲线。这样的路线是平坦地形上平、纵、横三面最好的统一体,如果无故拐弯,就成为不合理的了。

- 具有较陡横坡的地带——沿匀坡线布线。在具有较陡横坡的地带,两个已定控制点间,如无地物、地形、地质上的障碍,路线应沿匀坡线布线;如无障碍,则在障碍处加设控制点,相邻控制点间仍沿匀坡线布线。

- 起伏地带——走直连线和匀坡线之间(走中间)。

两已定控制点间包括一组起伏时,即路线要交替跨越丘梁和坳谷,在两个相邻的梁顶(或谷底)之间出现一组起伏。在这种地形上布设路线,如沿直连线走,路线最短,但起伏很大,为了减缓起伏,势将出现高填深挖,增大工程;如沿匀坡线走,坡度最好,但路线绕长太多,工程一般也不会省。这种"硬拉直线"和"弯曲求平"的做法,都是不正确的。如果路线走在直连线和匀坡线之间,比直连线的起伏小,比匀坡线的距离短,而工程一般将是省的。总的说,使用质量有所提高,工程造价有所降低,故在起伏地带应在直连线与匀坡线之间寻找最合理的路线方案。

两已定控制点间有多组起伏时，需要在每个梁顶（或每个谷底）都定出控制点，然后按包括一组起伏的方法处理各组起伏。已定控制点间包括的起伏组数越多，直连线和匀坡线所包范围越大，路线的方案也越多。布线可分头从两个已定控制点向中间进行，逐步减少包括的起伏组数，因而也缩小了直连线和匀坡线所包的范围，直到最后合拢。两个已定控制点间，有时因地形、地质、地物上的障碍，路线会突破直连线与匀坡线的范围。这种为了避让障碍所定的中间控制点，应视为又增加一个已定控制点，即这一控制点定下来后，实际上是把原来两定点间的路线分割成两段，此时，"走直连线和匀坡线中间"的原则分别适用于两段内。通过水库地区时，应考虑水库坍岸、基底沉陷的影响，以确保路基稳定。

③丘陵区公路选线要点

• 平面上不应强拉长直线，而要尽量利用与地形协调的长缓平曲线，路线转折不要过于零碎频繁，相距不远的同向曲线尽可能并为一个单曲线或复曲线，反向曲线间应有一定长度的直线段，否则，可设计成"S"形。

• 纵断面上，起伏地区路线采用起伏坡型是缩短里程或节省工程的有效方法。但起伏切忌太频繁，太急剧，坡长要放大些，坡度要用得缓些，避免形成锯齿坡型和短距离的"驼峰"和"陷洼"；陡而长的坡道中间要利用地形插设缓坡段。竖曲线也应像平曲线那样，要长而缓，相离不远的同向曲线尽量连接起来，反向曲线间最好有一段匀坡。

• 平、纵面的配合上，长陡下坡尽头避免设小半径平曲线。平、竖曲线的位置，在两者半径很大的情况下，各设在什么地方对行车并无太大影响；但在起伏地形如梁顶、沟底等处，使暗弯与凸竖曲线，明弯与凹竖曲线结合起来，则能增进行车安全感和路容的美观。但要注意两者的半径都应尽可能大些，特别是明弯与凹曲线重合处。因为这种地点，车速一般都比较高，半径太小，增加驾驶困难。最不好的情况是凸竖曲线与一个小半径平曲线相隔很近，因为凸竖曲线阻碍视线，驾驶者预先看到前方的平曲线，以早作转弯准备，可能措手不及，发生事故。为了避免这种情况，要把平、竖曲线重合起来，即使多费些工程也是可以的。

（3）参考资料

①交通部. 公路工程技术标准（JTG B01—2003）[S]. 北京：人民交通出版社，2004.
②交通部. 公路路线设计规范（JTG D20—2005）[S]. 北京：人民交通出版社，2006.
③交通部. 公路勘测规范（JTG C10—2007）[S]. 北京：人民交通出版社，2007.
④交通部. 公路勘测细则（JTG/T C10—2007）[S]. 北京：人民交通出版社，2007.
⑤黄文元，汪双杰. 公路勘测手册[M]. 北京：人民交通出版社，2007.
⑥朱永明. 公路勘测设计[M]. 北京：人民交通出版社，2001.

2. 引导问题

**拓展任务训练：**通过对本部分的学习，请回答以下问题：

（1）丘陵区的地形特征是什么？

(2)丘陵区选线的步骤主要包括哪些？

3. 任务实施

请根据学习情况分析以下各路线选择案例，并按要求完成相关工作。

**案例1**　图5-30给出了一段丘陵起伏地段的路线选择方案，请认真分析四种方案，在其中确定你认为最优的方案并说明理由。

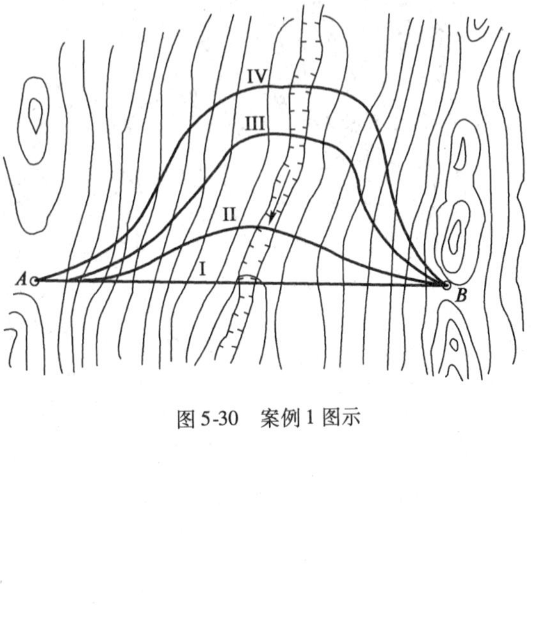


图5-30　案例1图示

**案例2**　请在仔细分析图5-31所示地形后，在起点和止点间拟定一条适合的公路路线。

图5-31 案例2图示

## 五、评价与反馈

1. 学生自我评价

此次选线是否顺利？______

若不顺利，请列出遇到的问题：______

分析出现问题的原因，并提出修正方案：______

您认为还需加强哪些方面的指导？

2. 学习工作过程评价表

**任务评分表**

| 考核项目 | 分数 | | | 学生自评 | 小组互评 | 教师评价 | 小计 |
|---|---|---|---|---|---|---|---|
| | 差 | 中 | 好 | | | | |
| 团队合作精神 | 3 | 6 | 10 | | | | |
| 活动参与是否积极 | 3 | 6 | 10 | | | | |
| 方案确定是否合理 | 20 | 40 | 60 | | | | |
| 绘图是否满足制图要求 | 6 | 13 | 20 | | | | |
| | | | | | | | |
| | | | | | | | |
| 总分 | 100 | | | | | | |
| 教师签字： | | | | 年 月 日 | | 得分 | |

**附**

## 学生总评成绩表

班级：　　　　　　　　　　　课程名称：　　　　　　　　任课教师：　　　　　　　　辅导教师：

| 学号 | 姓名 | 任务一 | 任务二 | 任务三 | 任务四 | 任务五 | 理论考试 | 平时 | 总分 |
|---|---|---|---|---|---|---|---|---|---|
| | | | | | | | | | |
| | | | | | | | | | |
| | | | | | | | | | |
| | | | | | | | | | |
| | | | | | | | | | |
| | | | | | | | | | |
| | | | | | | | | | |
| | | | | | | | | | |
| | | | | | | | | | |
| | | | | | | | | | |
| | | | | | | | | | |
| | | | | | | | | | |
| | | | | | | | | | |
| | | | | | | | | | |
| | | | | | | | | | |
| | | | | | | | | | |
| | | | | | | | | | |
| | | | | | | | | | |
| | | | | | | | | | |
| | | | | | | | | | |
| | | | | | | | | | |
| | | | | | | | | | |
| | | | | | | | | | |
| | | | | | | | | | |
| | | | | | | | | | |
| | | | | | | | | | |
| | | | | | | | | | |
| | | | | | | | | | |
| | | | | | | | | | |
| | | | | | | | | | |